国際共生研究所叢書 ❸ 大阪女学院大学

# 国際共生とは何か

## 平和で公正な世界へ

黒澤 満 編著

東信堂

# 序章

# 国際共生の意義と課題

黒澤　満

## 1　本書の目的

　本書の第一の目的は、「国際共生」という概念を広くかつ深く検討することである。すなわち、国際関係論あるいは国際政治において、「国際共生」という概念はどういう内容および特徴をもつ概念であるのかを明らかにし、この新たな概念を使用することにより、国際社会あるいは世界社会における新たな現象あるいは活動をより明確に説明することが可能になるのかどうかを検討することである。国際社会において、これまで一般的に使用されてきた「国際協力」、「国際協調」、「平和共存」、「国際協働」、「国際統治」、「国際調整」などと比較して、「国際共生」はどこが異なり、どこが新しいのか、また既存の用語ではなく新たな「国際共生」という用語を使用することのメリットは何かを検討することも本書の目的である。

　また、「国際共生」という用語、特に「共生」という用語は日本語では広く使用され、一般的に一定の理解が受容されているが、特に英語での表現が必ずしも十分浸透しているとは考えられない。特に、国際関係論など社会科学における英語の論文において、これに対応する用語が必ずしも一般的に広く受容されていると考えられないことは、すなわち英語圏での研究において「国際共生」に

対応する用語が明確には存在しないということは、そのような概念も存在しないことを意味するのであろうか。本書はこれらの疑問に答えることを第二の目的としている。

日本においては、「共生」に関する研究はかなり広くかつ深く行われており、「共生」概念の明確化およびその概念の特徴、さらにその概念を使用することのメリットもさまざま議論されている。しかしこれらの研究の一般的な特徴は、「共生」それ自体の研究であるため、非常に広範で多岐にわたっているため、人間や国家など行為体の間での共生のみならず、生物と生物の共生、多文化の共生、人間と自然の共生、人間と環境の共生というふうに、人間や国家といった意思をもった行為体の間の関係のみならず、必ずしも行為体でないものとの関係まで含めたきわめて広い範囲が研究対象となっている。

本書は、「共生」一般を分析の対象とするものではなく、「国際共生」を分析の対象とするものであり、国際社会あるいは世界社会の意思を持った行為体の間の「共生」を検討対象として分析することを目的としている。「共生」に関する研究は広くこれまで行われてきているが、「国際共生」に特化した研究はほとんど存在しない。東アジアにおける共生といった文脈で研究されることはあるが、「国際共生」そのものを正面からとらえた研究は皆無である。本書は、このような状況に少しでも貢献できることを第三の目的としている。

## 2　「共生」の概念

「共生」の概念に関しては、すでに多くの先行研究が存在するので、それらを参考にしつつ、「国際共生」の概念を検討する。村上陽一郎によれば、まず「共生」という言葉は、もともと生物学で発達したものであり、symbiosis が用いられ、日本でも「共棲」とい

う用語が使用されていた。複数の個体集団が生活の場をともにする場合の影響関係は、「正、正」「正、負」「負、負」「正、無」「負、無」「無、無」の6通りあるが、「共生」と言われるのは、「正、正」の双利共生、相互扶助の場合であり、明確に「正」の価値が含まれている場合である。生物学を離れて「共生」という言葉を使うとなると、symbiosisでは誤解のおそれがあり、きわめてあいまいな意味になる。しかし「共生」を使用するには積極的な意味づけが必要であり、アメリカ社会の人種関係は、英語ではlive together harmoniouslyとなるだろう。単に「軋轢なく」「揉め事なく」「安泰」な形で「共存」するというだけでなく、全体の総和が、それぞれの和を超える積極的な価値を生み出すような形で「共存」することこそ望ましく、そのような意味を込めた「共生」という概念がここでは求められていると考えてよい[1]。

 ヨハン・ガルトゥングによると、前進・停滞・後退という三つの「生(bios)」のあり方が存在し、その組み合わせは6種類あり、シンビオーシスすなわち「共生」には、「相互利益(mutual benefit)」という考えが含まれており、この概念には「相互共生(前進・前進)」と片利共生(前進・停滞)」が含まれるが、特に厳格な意味でのコンヴィヴィアリティを指すのは「相互共生」の場合である。「共生」とは、「寛容」「対話」「共通性」をすべて合わせたものであり、抗生・不和・暴力といった状態と比べると非常に高度な社会状態であり、戦争や暴力の単なる欠如を超えたより積極的なものを指示している[2]。

 千葉眞によれば、「共生」は英語で conviviality, living together, symbiosis と訳されるが、英語に置き換えるのは困難であると認識したが、自己と他者の相互関係性、互恵性、間主観性の意義を指し示しているという点で conviviality が最も近い。「共生」は、「平和」と共にそれ自体が目的としての価値を有すると同時に、実践的変革を思考する概念として「平和」を実現する道具的手段でもあ

る。その意味で「共生」の変革を志向する実践性は、より平和な社会、より安全な社会を構築するという目的に向けられている[3]。

佐々木寛によれば、symbiosis という意味における「共生」は、共通の危機の認識から始まる。価値の共有の前に、生存の必要からアドホックな対話と協力関係が生まれ、それが積み重なることで何らかの制度や秩序が生まれる。しかし他方で「共生」とは通常、より積極的な意味で用いられることが多い。conviviality という意味での「共生」は、「人と人とのあいだの、そして、人と環境との、自律的で創造的な関わりあい」（I・イリイチ）を意味する。ここからは、単に紛争解決や利益の相互調整のみならず、新たな価値の創出によって、紛争そのものを「超越・転換(transcend)する」契機を見出すことができるだろう。「共生」概念は、同時に他者の存在や生活領域を相互に認めあう「自己肯定・他者否定の論理の克服」を意味する、寛容・「協生」の論理を伴わなければならない[4]。

功刀達朗によれば、「共生」は単にお互いに我慢してでも一緒にいるという平和的共存を超え、イヴァン・イリイチの言うコンヴィヴィアリティ (conviviality)、すなわち、自立的なもの同士の協働と共歓のように相互活性化を意味する。平和と共生は地球公共財である。他者への連帯と社会への責任感を伴ったリーダーシップが、緊急を要する不安全状況の是正に対処するとき、相互活性化による自立的なもの同士の協働と共歓、すなわち「共生」への道は拓かれる[5]。

栗原彬によれば、〈共生〉は、自律したもの同士の、つまり異なるコードをもつものの間の〈異交通〉としてしか成り立たない。〈共生〉は、互いの生きる力を活性化する。異なるものが自律していて、互いのアイデンティティの差異を保ちながら、そのむすび合いが足し算ではなく、掛け算になるということであり、その掛け算のパワーが自己の次元とコードを変えていくということである。自立したもの同士の相互活性化という意味では、〈共生〉は、イヴァ

ン・イリイチの言うconviviality（自律的なもの同士の協働と共歓）にもっとも近い[6]。

なお日本の研究者が共生という意味でのコンヴィヴィアリティに関連してしばしば言及しているイリイチは、「わたしは〈コンヴィヴィアリティ〉というタームを、制度化されている生産性(institutionalized productivity)とは反対のものを示すべく選びました。人と人のあいだの、そして、人と環境との、自律的で創造的なかかわりあい(autonomous and creative intercourse)という意味をこの言葉にもたせたいのです。そしてこれを、他人や生活環境(milieu)の要請にたいする人々の条件反射的な対応と、対比させようと思います。わたしは〈コンヴィヴィアリティ〉を、人々が相互に依拠しあうなかで具体化された個体の自由とみなし、そのようなものとしての、ある固有な倫理的価値と考えています。ですから、〈コンヴィヴィアリティ〉なしには生活の意義は失われ、人々に有害な影響を与える、とわたしは確信するのです。」「つまり、生産性の上昇と諸サービス供給の上昇が、コンヴィヴィアリティの拒みようのない喪失を結果的に引き起こしている、という事実です。それは人々から己の能力(potency)と自由を奪い、社会からは、人々の固有の能力と自由がかつては非常に大切にされていたという記憶を奪ってしまいます。」と述べている[7]。

## 3 「国際共生」の概念

上述の「共生」の概念を参考にしつつ「国際共生」の概念を検討していくが、最近の書物においていくつかの刊行物は、「共生」という用語を明らかに国際関係に限定して使用しているものがあるが、しかしながらそれらは「国際共生」の概念を必ずしも明確にするものではない[8]。

まず「国際共生」の主体および関係性については、「国際」共生で

あるので、国際的あるいは地球的な要素が不可欠であり、純粋に国内的な行動および事象は排除される。また「共生」の概念にはもともと含まれている生物と生物の間、さらに人間と自然の間、人間と環境との間、文化と文化の間などの関係は排除されるべきで、国際社会における行為体の間の関係に限定する方が、議論の範囲および正確性が明確になるので、分析概念としては好ましいと考えられる。それは、関連する近隣の概念である「国際協力」とか「国際協調」などの用語が、国際社会の行為体の間の関係を分析の対象としていることにもよる。「国際共生」の主体としての行為体は、伝統的な「国家」のみならず、国際機構、非政府機構(NGO)を当然含むものであり、さらに国際的に行為する個人をも対象とすることが可能である。

次に、「国際共生」の研究対象となる領域であるが、「共生」では伝統的には「平和」の領域におけるものが主流であったが、「国際共生」の研究対象は、「平和」のみならず「正義」「公正」「公平」「衡平」などの分野も含む範囲を対象とすべきであると考えられる。それは、国際社会において、戦争の不存在を意味する伝統的な「消極的平和」は、今ではより公正で公平な経済的社会的な状況や人権の保護や開発の促進を含む「積極的平和」が広く主張されているし、平和を維持し強化するための「安全保障」の概念も、軍事力を中心とする「国家安全保障」や「国際安全保障」から、一方において垂直的拡大として「地球的安全保障」および「人間の安全保障」が前面に表れているし、水平的拡大として「経済安全保障」「エネルギー安全保障」「食糧安全保障」「環境安全保障」など、その範囲はきわめて大きく拡大して議論されるようになっているからである。

第三に、「国際共生」の目的あるいは機能の側面であるが、それは国際社会において平和および正義・公正を促進し、より高いレベルにおける平和および正義・公正を達成することを目指すものである。その第一の機能は、国際社会における行為体の間におい

て単に関係が存在するだけでなく、また単に交渉や意思疎通が行われるだけでなく、両者がともに積極的な利益あるいは成果を生み出すような関係を構築することであり、従来の国際関係におけるゼロサム・ゲームではなく、ポジティムサム・ゲームを行うことである。第二の機能は、単に行動する主体間での平和および正義・公正の促進およびより高いレベルでの関係の達成のみならず、国際社会における公共性の強化に向けて、国際社会全体の利益を促進し達成すること、すなわち国際公益[9]を促進し達成することである。

このような観点から、筆者は以前の編著書において、「「国際共生」とは何かについて確立した定義があるわけではないが、基本的には、国際社会における行動主体の間において、お互いに積極的に努力し協力し、両者にとってともにプラスに働く状況を作り出すことであり、国際社会全体をより平和で安全なまた公平なものにすることを目指すものである。……また「国際共生」は、個々の主体間だけでなく、国際社会全体の利益を促進するという意味で「地球問題群」に大いにかかわってくる」と書いた[10]。

しかし、「国際共生」とは何かについて確定した定義はいまだに存在しないと認識しており、本書がそのための試みの一つであり、本書によって、「国際共生」の内容および概念が一層明確にされ、国際関係論あるいは国際政治という学問分野において、明確な地位を占めることを期待している。

## 4　本書の成り立ちと構成

本書は、大阪女学院大学国際共生研究所のプロジェクト１「社会的公正に基づく共生の研究」の成果の一部である。本書の作成には６人の研究員が関わり、「国際共生とは何か－平和で公正な世界へ－」というテーマの下で、２か月に１回研究会を開催して議

論を重ね、企画を立てていったものである。本書は5部から構成されているが、「国際共生」の広い範囲を取り扱うことを決定し、第1部「平和と国際共生」は奥本京子教授が、第2部「人権と国際共生」は香川孝三教授が、第3部「環境と国際共生」は西井正弘教授が、第4部「開発と国際共生」は前田美子教授が、第5部「教育と国際共生」は馬渕仁教授が担当することになった。本書の構成は、国際社会における国際共生の重要な領域をカバーすることを念頭に、平和、人権、環境、開発、教育の5分野にわたるものである。執筆者に関しては、その分野において「国際共生」の側面から分析できる専門家にお願いした。

各部の担当者は、そのテーマに関して2人の専門家を招いて公開講演会を開催すること、および2人の専門家が執筆する論文の編集を行うこととなり、2011年10月より2013年1月にかけて上記の5つのテーマで講師を2人ずつお呼びして5回の公開講演会を開催し、積極的な議論を展開し、そこでの議論をふまえて各部の2人に本書の執筆をお願いした。各部2編で合計10編の論文は、執筆の後に6人の研究員全員がすべての論文に対してコメントを提出し、担当者を通じて執筆者にそれらを伝え、コメントを踏まえた最終論文を提出してもらうという手続きで本書の作成を行った。その意味で、本書は10人の執筆者と6人の所員との協力によるものである。なお番外の公開講演会として、2013年4月には、「「国際共生」とは何か：東北アジアの平和構築を例に」のテーマで、ヨハン・ガルトゥング氏を講演者として迎えて一層の議論を行った。

本研究所は、今後も「国際共生」に関する研究を継続し、国際共生のさまざまな側面を明らかにすることを予定している。本書の刊行が、より平和で公正な世界の構築に向けての研究に関して、少しでも役立つことを願っている。

[註と引用参考文献]

1：村上陽一郎「平和・安全・共生―総論」国際基督教大学社会科学研究所・上智大学社会正義研究所共編『平和・安全・共生―新たなグランドセオリーを求めて』有信堂高文社(2005年)、14-16頁。

2：ヨハン・ガルトゥング(愛甲雄一訳)「「共生」(kyosei)概念について」村上陽一郎・千葉眞編『平和と和解のグランドデザイン―東アジアにおける共生を求めて』風行社(2009年)、189-191頁。

3：千葉眞「東アジアにおける和と共生の実現のために」村上陽一郎・千葉眞編『平和と和解のグランドデザイン―東アジアにおける共生を求めて』風行社(2009年)、306,310頁。

4：佐々木寛「危機から〈共生〉へ―東アジア論の地平」佐々木寛編『東アジア〈共生〉の条件』世織書房(2006年)、6-7頁。

5：功刀達朗「平和・安全・共生のガバナンスとリーダーシップ」国際基督教大学社会科学研究所・上智大学社会正義研究所共編『平和・安全・共生―新たなグランドセオリーを求めて』有信堂高文社(2005年)、82,95頁。

6：栗原彬「〈共生〉ということばについて」『国民文化』448号(1997年)、3頁。

7：イバン・イリイチ著(滝本往人訳・解題)『政治的転換』日本エディタースクール出版部(1989年)、3,7頁。

8：たとえば、臼井久和・内田孟男編『多元的共生と国際ネットワーク』有信堂高文社(1991年)、杉本仁助・香西茂・島岡宏編『共生の国際関係―国際学の試み』世界思想社(1997年)、北東アジア・グランドデザイン研究会編著『北東アジアのグランドデザイン―発展と共生へのシナリオ』日本経済評論社(2002年)、毛利和子・張蘊嶺編『日中関係をどう構築するか―アジアの共生と協力をめざして』岩波書店(2004年)、上智大学社会正義研究所・国際基督教大学社会科学研究所共編『国際正義の促進―多民族・多国籍の人々の共生を目指して』サンパウロ(2007年)、柳田辰雄『国際政治経済システム学―共生への俯瞰』東信堂(2008年)、藤本和貴夫・宋在穆編『21世紀の東アジア―平和・安定・共生―』大阪経済法科大学出版部(2010年)、広島市立大学国際学部国際社会研究会編『多文化・共生・グローバル化―普遍化と多様化のはざま』ミネルヴァ書房(2010年)などは、書籍のタイトルに共生の用語を使用し、国際社会の動きを分析対象とするものであるが、「国際共生」の概念にはまったく触れていない。

9：国際公益については、奥脇直也「「国際公益」概念の理論的検討―国際交通法の類比の妥当性と限界―」広部和也・田中忠編集代表『国際法と国内法―国際公益の展開―』山本草二先生還暦記念、勁草書房(1991年)、173-243頁参照。
10：黒澤満編著『国際関係入門―共生の観点から』東信堂(2011年)、iv-v頁。

■国際共生とは何か ― 平和で公正な世界へ
目次

序章　国際共生の意義と課題……………………… 黒澤　満　i

# 第1部　平和と国際共生 ………………………………… 3

## 第1章　「国際共生」概念の意義―〈危機〉から〈共生〉へ
……………………………… 佐々木寛　4
1　はじめに―「3・11」によって明らかになったこと―― 4
2　「国際共生」概念の多元性と包括性―――――――― 6
3　2つの「共生」概念―〈symbiosis〉と〈conviviality〉―― 12
4　むすび―生きとし生けるものの「共生」へ―――― 16

## 第2章　国際共生と東アジアの平和構築……… 千葉　眞　24
1　はじめに―平和研究の現在――――――――――― 24
2　共生の多様な意味合い：(1)寛容モデル、(2)会話モデル、(3)協働モデル ――――――――――――――― 28
3　共生と正義(ないし公正)――――――――――― 34
4　むすび―今後の展望と課題：東アジアの平和構築 ―― 37

# 第2部　人権と国際共生 ………………………………… 45

## 第3章　人権ギャップの維持／縮小の政治…… 土佐弘之　46
　―交差するラインを超えて
1　はじめに―人権ギャップの現実とその背景要因―― 46
2　ラインの〈此方／彼方〉：自由と奴隷、文明と野蛮―― 50
3　交差するラインと文明的思考の陥穽――――――― 53
4　人権ギャップ縮減の政治：戦略的本質主義から戦略的普遍主義へ―――――――――――――――― 56
5　むすび―平等の中で差異を生きること―――――― 59

第4章　公正なグローバル秩序のための人権の潜在力
　　　　　　　　　　　　　　　　　　　　　　　　川村暁雄　66
　1　はじめに－人権の社会的機能と国際共生────── 66
　2　人権の受容はどのように進むのか────────── 70
　3　国際共生と人権の受容：アジアの例から─────── 76
　4　むすび－国際共生を実現するための人権の役割──── 84

# 第3部　環境と国際共生 …………………………… 89

第5章　自然資源の「協治」からみた「国際共生」
　　　　　　　　　　　　　　　　　　　　　　　　井上　真　90
　1　はじめに－地域か地球か？──────────── 90
　2　ローカル・ノレッジへの理解：持続的利用の3類型── 90
　3　熱帯地域の森林政策の展開──────────── 93
　4　「協治」の理念と設計指針───────────── 96
　5　「協治」のもつ公共性────────────── 100
　6　むすび－地域と地球をつなぐ国際共生──────── 101

第6章　対立か協調か－**気候変動と国際共生** …高村ゆかり　105
　1　はじめに－国際共生の文脈における気候変動問題── 105
　2　気候変動の国際制度形成における「対立」と「共生」── 108
　3　新興国の台頭と経済のグローバル化による国際制度の
　　　変容─────────────────────── 114
　4　むすび－気候変動時代の国際共生──────── 120

# 第4部　開発と国際共生 …………………………… 129

第7章　2015年以降の開発アジェンダへ向けた
　　　　開発協力のあり方 ………………… 勝間　靖　130
　1　はじめに－国際共生のための国際開発──────── 130
　2　国際共生へ向けた国際開発目標の形成────── 131

3　国際開発目標への資金コミットメント───── 137
　4　国際開発の協力枠組みと行為主体───── 139
　5　むすび－国際共生へ向けた正義論───── 144

## 第8章　国際開発ＣＳＯと国際共生………… 高柳彰夫　150
　　　－「援助効果」議論を中心に
　1　はじめに－国際共生とNGO／CSO(市民社会組織)─ 150
　2　援助効果議論におけるアボドカシー（主張・提言）
　　　活動───── 154
　3　ＣＳＯの開発効果の原則───── 160
　4　ＣＳＯと南北の国家との関係＝政策・制度環境
　　　(Enabling Environment)───── 162
　5　むすび－開発と人権を融合した「国際共生」論へ───── 164

# 第5部　教育と国際共生 ………………………… 171

## 第9章　母語教育とアイデンティティ……… 高橋朋子　172
　　　－中国にルーツを持つ子どもたちを中心に
　1　はじめに－これまでのニューカマーの子どもたちへの
　　　教育───── 172
　2　母語教育の意義───── 178
　3　母語教育の実践例－地域と学校の事例から───── 181
　4　むすび－国際共生から考える母語教育とは───── 189

## 第10章　進学問題と教育支援 ……………… 乾　美紀　194
　　　－ニューカマー児童・生徒の場合
　1　はじめに－ニューカマーと教育問題───── 194
　2　ニューカマーと進学の現実───── 197
　3　国際共生を目指すための教育支援───── 205
　4　むすび－高校進学のための連携と制度改革───── 210

執筆者紹介 …………………………………………… 216
索　引 ………………………………………………… 218

# 国際共生とは何か
―平和で公正な世界へ

# 第1部

## 平和と国際共生

# 第1章

## 「国際共生」概念の意義——〈危機〉から〈共生〉へ

佐々木　寛

## 1　はじめに——
「3・11」によって改めて明らかになった次元について

　2011年3月の東日本大震災という〈危機〉を、私たちの歴史的経験としてどのように位置づけるか。災害から数年経ち、その思索の作業にはすでにかなりの蓄積が見られる。しかし、問題は現在も依然として進行中であり、その〈危機〉がもたらす経験の「広がり」や「深度」がどれほどのものであるのかについては、現時点で明確に限定することはできない[1]。本論は、「3・11」が単に未曾有の自然災害であったというだけでなく、それが深刻な原子力災害であったことにより、既存の社会理論、さらには政治社会の規範的理解に対して根源的な問い直しを迫っているという前提に立ち、そこからさらに国際社会における「共生」概念がもつ可能性の射程を考察するものである。まず、今回「3・11」が改めて提起した争点とは何であるか。要約すると、以下の3点に整理できる。

　第一に、社会システムや種々の制度そのものは、それより大きな地球環境の土台の上に存立し、その土台の地殻変化の影響を否応なく被るという事実である。「3・11」を契機に、私たちが前提としてきた社会システムが、より包括的な地球環境システムの一部であるという「文明」論的視点が再認識された。盤石だと思われた

社会システムも、自然環境の変化によって、予想以上に甚大な影響を被る可能性がある。つまり、射程が数十年単位の社会理論や社会政策であれば、さしあたりは社会システム内部の諸要素のみに焦点を当て、地球環境という「外的」要素の変動を考慮に入れずに済んでいたかもしれないが、長期的かつ根源的な社会変動や制度変化を見通すためには、もはやこの「外的」な変数を捨象することはできなくなったということである[2]。そしてこの点は国際社会においても同様であり、気候変動問題をはじめとする地球的問題群の存在、核テクノロジーをはじめとする科学技術がつくりだした「第二の自然」がもたらすリスクの拡大は、すでに既存の世界システムの「文法」にも大きな影響を与えている。U．ベック(Ulrich Beck)が指摘するように、いわば「地球規模のリスク社会」の次元が、確実にその重要度を増しているのである[3]。

　第二に、これに関連し、現代社会を脅かす多くの「脅威」や「リスク」は、もはや国境の内側にはとどまってはいないという事実も再確認された。大規模な自然災害は言うまでもなく、特に原子力災害に際して放出される放射能は国境を越えてグローバルに展開し、広範囲に長期的な影響を与え続けるため、疫病や経済危機同様、国際的な取り組みが不可欠となる。この意味で、原子力発電所のシビア・アクシデントという〈危機〉に際して、たとえば各国政府がどのような対応をしたのかを振り返ってみることは有益である。日本本土に主要な基地を保有し、また日本政府よりも早期に事態を把握していた米国政府の対応は迅速であったが、事態の把握と対応に手間取っていた日本政府との間ではむしろ葛藤が生み出された[4]。また忘れてはならないのは、この未曽有の国家的〈危機〉に際して、それに乗じて侵略や攻撃等を試みた隣国は現れず、むしろ東日本には世界中から支援の手が差し伸べられたという事実である[5]。今後検証を要するが、一国における原発のシ

ビア・アクシデントという国家的〈危機〉に際しては、むしろ国境を越えた「運命共同体」の意識が醸成されていたといえるかもしれない。

そして最後に、現代世界において真に国家や社会の安全の脅威となるものが何であるのかという安全保障に関する根源的な問いが再提起された。「3・11」は「文明災」とも呼ばれたように、社会システムの外部ではなく、まさにその内部から脅威が生み出された。「何が」（安全保障の主体）、「何から」（安全保障の脅威）、「何を」（安全保障の対象）、「どのように」（安全保障の手段）守るのかという「安全保障」の論理構成において、原発事故はこれら主体・脅威・対象・手段いずれの争点においても、従来の「伝統的安全保障」の範疇を越えた次元を構成していた。つまり、原発のシビア・アクシデントもまた国家的安全保障の重大な対象であると考えた場合、政府が、国境の外からの、主として軍事的な脅威から国民を軍事的な手段で守るという「伝統的安全保障」の想定ではもはや十分な対応ができないということである。したがって「3・11」は、安全保障をめぐる伝統的な論理構成が、今日において多次元多層の問題領域へと拡大しなければならなくなっていることも示唆した[6]。

## 2　「国際共生」概念の多元性と包括性

しかし、基本的に国家と国家がつくりだす「国際社会」の成り立ちについては、まずはこれまで国際関係論や国際政治学が培ってきた理論的蓄積をふりかえってみる必要がある。C.グレイザー（Charles L. Glaser）が『競争と協力の論理』で指摘するように、「国際社会」はこれまで主として四つの基本的仮定に基づいて理解されてきた。第一に、それぞれの国家はアナーキーな国際環境の中で生存している。第二に、そのような環境の中で、国家はすぐれて合理的に行動する。第三に、国家は統合された単一のアクター

(unitary actor)として行動する。そして第四に、この単一行動体としての国家が、ひとたび戦略的相互作用に巻き込まれると、同じように単一のアクターである相手国の国内状況やリーダーの性格などの国内事情ではなく、むしろ相手国の行動そのものによって自らの政策決定を行う[7]。

だが、このような基本的には相互に〈競争〉関係にある国家間関係も、まさに個々の国家が「合理的」にふるまうがゆえに、〈協力〉の契機をも秘めている。本論で議論する「国際共生」の概念と、伝統的な国際政治学の諸仮定との接点もここにある。これまで「国際共生」の概念は、ほぼ同義と思われる「国際平和」などの概念と比較すれば、国際政治学および国際関係理論の中では驚くほど扱われてこなかった。しかし、「国際共生」概念と近接する、あるいはほぼ同義の他の概念も多数存在してきた。

たとえば、「国際共存(international coexistence)」である。この用法は、冷戦期にあっては、「共産主義との共存」、あるいは「核との共存」のように、国家にとって容易には相容れず、また不本意な存在ではあっても、自らの生存のためには勢力を均衡させつつ共存への道を選択する他はないという意味で用いられてきた[8]。「共存」(共に生存する)という用語は、特に20世紀の国際政治に核兵器が登場し、たとえば「相互確証破壊(MAD)」戦略に見られるように、紛争による「共滅」の可能性が出現することによってさらに重みを増すようになったといえる。後述するように、この概念は核や地球環境問題など既存の〈政治〉の外側にある諸条件から不可避的に政治的アクターに何らかの協力が要請されるという意味では、「国際共生」概念と深く底通する部分がある。

また、本来相互に競争的な国家同士の協力という意味では、「国際合意(international agreement)」や「国際条約(international treaty)」、「国際協定(international protocol)」や「国際協約(international covenant)」なども近接の概念である[9]。これらは、それぞれ主権国

家同士が共通の国際問題に関する折衝および外交交渉の末、一定の妥協、あるいは共通了解や外交的慣習を見出すというものである。これらの用語は、実際には場合に応じて相互互換的に使用され、それぞれ明確な区分は困難であり、またこれら用語の歴史的使用法に関する厳密かつ定量的な分析には別稿を要する。しかしこれらは、広く本来はアナーキーな国際社会における主権国家同士の「闘争の制度化」という意味における協力関係として位置づけることができるだろう。それゆえ、これらの用語は、国際秩序形成におけるまさに〈外交〉の役割に焦点を当てた概念であると言える。

また、さらに進んで「国際連携・国際協同（international partnership／collaboration）」の概念は、国際社会における共通の目的の下で国際的アクターが機能的な役割分担をするという意味合いがある[10]。より相互依存や統合の進んだ国際社会が前提とされ、個々の国際問題がグローバル・ガバナンスの文脈で理解される度合いが高くなる。またこれに近い「国際調整（international coordination）」という概念は、たとえば「国連人道問題調整事務所（OCHA）」や「国際的な金融政策調整」のように、主として国家や国際機関が共通の国際問題をまさに「調整」する際に使用が認められる。主権国家同士の折衝の結果による協力関係というよりも、むしろ共通の国際問題を俯瞰する立場から国際的アクターの利害を調節するという意味合いがある。

さらに、もっともよく使用され、その意味も広範な「国際協調・国際協力（international cooperation）」の概念が挙げられる[11]。この概念は主権国家間の競争関係だけではなく、国際社会に一定のノン・ゼロサム的政治空間が存在するということを前提としている。しかもその主体は主権国家のみに限定されない。「国際協力」概念は、広く国際的NGOや国際機関による開発援助や途上国支援の文脈などでも使用されるが、そこには、より積極的な国際的価値や公

共財のために多くの国際的アクターが協力する(べきだ)という世界像が前提とされている。また、安全保障分野においても、「ヨーロッパ安全保障協力機構(OSCE)」や「アセアン地域フォーラム(ARF)」、また中国などでも「協調的安全保障(cooperative security)」の概念が使用されるようになったが、覇権主義や単独行動主義ではなく、共通の安全保障(common security)を前提とするという意味では、「国際共生」の概念に近接した概念であると言える。

さらに、「国際支援(international aid／assistance／support)」の概念では、アクターが主権国家であるのみならず、さらに国境を越えた市民社会や国際機関などの非国家アクターの役割が強調されるだろう。災害や飢餓、内戦や人権弾圧などの人道問題に対して、時に主権国家の枠を越えても国際的な支援がなされる場合に使われるケースが多い。もちろん、そのような人道支援が大国による権力政治から常にまったく自由であるわけではないことは言うまでもないが、国際社会に人権問題などについての一定の倫理的なコンセンサスの構築を試みるという点で、「国際共生」の概念との共通点が指摘できる[12]。

しかし、これら多くの近接概念が「国際共生」概念と完全に同じ意味であるとすれば、「国際共生」という用語をこれ以上テーマにする必要はなくなる。「国際」に「共生」をあえて接合する意義はどこにあるのか。本論では、「国際共生」概念を二つの要素の最大化(理念型)として理解するのが望ましいという理論的仮説を立てる。図1-1のように、まず縦軸に、国際社会に見られる協力関係において主権国家が主体の中心である伝統的な国際社会の状態を原点に置き、他方で協力の主体を国家以外のより多様なものを前提とする上方への座標軸(アクターの多様性の度合を表す軸)をとる。そして横軸としては、国際協力が達成される目的や理由が、競合関係(ゼロサム関係)に基づくものか、あるいは高度な共同性(ノン・ゼロサム関係)に基づくものであるかの座標軸をとる。すると、国

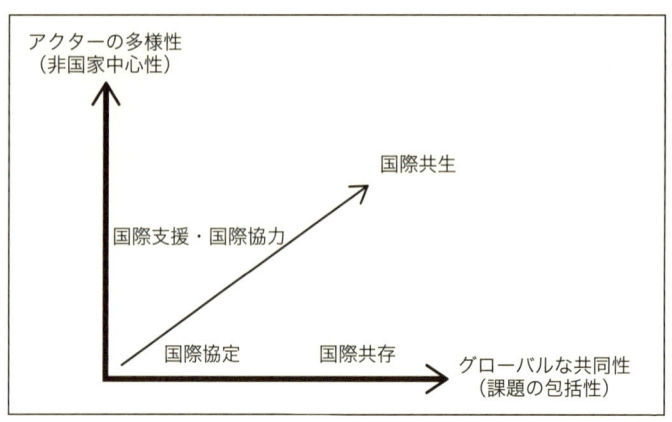

図 1-1 「国際共生」の近接概念と位置づけ

際協力の〈主体〉と〈目的・理由〉という二つの要素から、「国際共生」の概念の意義が暫定的に浮かび上がるだろう。

「共生」(共に生きる)という概念は、特にアクター同士の対等な関係を強調することばである。したがって「国際共生」概念は、たとえば「国際支援」や「国際援助」ということばがしばしば伴う、支援や援助を提供する側とされる側の非対称性をも克服しようとする含意をもつことになるだろう。縦軸の「アクターの多様性」とは、国際協力の主体が主権国家にとどまらないというだけでなく、権力(パワー)の中心と権力(パワー)をもたない主体との対等性をも示唆している。ここから、むしろ社会システムの〈周辺〉の存在を重視することにこそ、「国際共生」概念を用いる積極的な意義が存在するとも言えるだろう。

また、「共生」の主体は、これまでのような同質的主体であるとは限らない。「アクターの多様性」を最大化して考えるということは、既存の政治的共同体にとって「根源的な他者」としての外国人や被差別民や少数者、そして究極には人類以外の生命体をもまた

「国際共生」の対象として理解する可能性をも示唆している。その意味で、これまでの「国際秩序」や「世界秩序」の概念が、常にその秩序の〈内側〉と〈外側〉とを明確に区分する傾向があったことと比較すれば、「国際共生」の概念は、これまで秩序を攪乱する「敵」や「ならず者」と呼ばれていた対象をも、より積極的に包摂しようとする概念であると言うことができる。「国際共生」の概念が、根源的な多様性や異質な存在との共存を前提とした「寛容(tolerance)」や「会話(conversation)」の価値をもっとも重要な価値として位置づける理由もここにある[13]。

 そして、国際的な協力がなされるプロセスや背景においても、「国際共生」概念は、そのグローバルかつ包括的な共同性や「共通性(commonality)」を主要な要素として位置づける。たとえば、核拡散問題(核戦争や原発事故の恐怖)や地球環境問題などは、一国や一地域の部分的な利害関係を越えて地球上のどのアクターにとっても共通に重要性を帯びる問題である。また貧困や格差などの経済的問題、疫病や犯罪やテロなどの諸問題も、もはや一国一地域の問題にとどまらず、まさにグローバルな対応を必要とする「地球的問題群」であり、その意味でわれわれはしばしば「運命共同体」である。つまり、現代に生きるわれわれは、いわば否応なくこのような〈負の共通性〉を帯びていると言うこともできるだろう。

 また他方で、「正の共通性」も認められる。未だ限定的ではあるが、地球の隅々の不遇や苦しみが世界に報道され、知らしめられるようになるにつれ、それがごく遠くの問題ではあっても、同じ人間としての「人権」や「尊厳」の問題として理解される可能性も生まれた。人間はその属性に関わらず、すべて生まれながらに「人権」や「尊厳」を備えているという理念は、単に「世界人権宣言」のような公的宣言であるだけでなく、他者の苦しみへの身体的な共感(「共苦」)の次元にも支えられている。それは単なる「哀れみ」ではなく、同じ人間としての「連帯」の意思から生まれる、「グロー

バル・シティズンシップ」の次元を構成する可能性をも秘めている[14]。

「国際共生」概念は、このようにきわめて多様、かつ包括的な内容をもった概念であると言える。だが、あるいはそのことは、当概念の分析概念としての有効性に疑いをもつ理由ともなる。何をもって、何を目指して「国際共生」とするのかという問いは、依然として開かれたままである。しかし、これまで近代国際政治を構成してきた「国際秩序」や「国際協力」、「国際共存」などの基礎概念が想定する論理を越えた世界的政治空間の段階を志向する概念として、「国際共生」が有効である可能性も明らかに存在する。

## 3　2つの「共生」概念──〈symbiosis〉と〈conviviality〉

日本語における「共生」概念は、たとえば英語では「co-existence」や「co-living」、「co-habitation」などと記述しうるが、潜在的に多くの意味を内包するものであり、実際は「kyosei」と記述するほかない。しかしここで、「国際共生」概念の積極的な意義を考察するために、当該概念が大きく分けて二つの異なる意味の源泉をもつことについて言及しておきたい。結論から言えば、いわばこの意味における二重性こそが、「国際共生」概念の有効性を高めている[15]。

「共生」概念の第一の意味は、しばしば「共棲(symbiosis)」の文字が当てられることにもあるように、もともと生物学に発するものである。これは本来、生物界に見られるように、〈喰う―喰われる〉の関係も包摂した、厳しい生命のせめぎ合いの中から生成する平衡関係を意味する。したがって、この〈symbiosis〉という意味における「共生」とは、けっして、予定調和の生易しい関係を意味しない。異質な他者同士が、お互いが生存するためぎりぎりの選択を積み重ねることによって、生き残りのための仕組みをかろうじて共有することを意味している。それゆえ、この意味における「共

生」は、むしろ共通の「危機」を認識することから生まれる。価値の共有以前に、まさに生存の必要性からアドホックな対話と協力関係が生まれ、それが積み重なることで何らかの制度や秩序が生まれる。自然界の調和に見られるように、〈symbiosis〉は、結果としてきわめて安定的な調和をもたらす場合もあるが、それが生まれ、また維持される長期にわたるプロセスには、動的な「闘争」の契機が秘められている。

先に「国際共存(あるいは平和共存)」概念について言及したが、たとえば冷戦期の米ソのようにイデオロギーが対立し、また核弾頭を向け合う国家同士、あるいはイスラエルとパレスチナのように歴史的和解が極めて困難なアクター同士が、それでもなお、「共滅」を避けるべく、ぎりぎりの妥協を選択しようとする場合に、〈symbiosis〉としての「国際共生」の厳しい現実を見ることができる。核戦争をめぐる問題のように、それがグローバルな「共滅」の可能性を意味するのであれば、それは図1-1においては横軸の値の極大化を意味し、理念型としての「国際共生」概念に限りなく近づくと言える。しかし、この場合の「共生」が一部核保有国のみの「闘争」の制度化によって生み出されるのだとすれば、「アクターの多様性」はきわめて低い状態にとどまり、理念型としての「国際共生」とは依然として距離があるということになる。すでに述べたように、「国際共生」概念は、課題の普遍性だけでなく、それを構築するプロセスにおけるアクターの包括性というもうひとつの条件を要しているからである。

しかしそもそも、この消極的な意味における「国際共生」が、はたして「共生」と呼ぶにふさわしいかどうかという根源的な疑問もありえるだろう。「共生」概念には、生存をめぐる「危機」がもたらす〈symbiosis〉とは対照的な、〈conviviality〉という第二の意味の源泉がある。通常、「共生」概念は、この積極的な意味で用いられる場合が多い。〈conviviality〉は、たとえば思想家のI・イリイチ(Ivan

Illich)によれば、「人と人とのあいだの、そして、人と環境との、自律的で創造的なかかわりあい」を意味する[16]。"convivial"ということばがそもそも「陽気」、「祝祭的」という意味を伴っているように、ここからは、単に紛争解決や利益の相互調整のみならず、新たな価値の創出によって、紛争そのものを「超越・転換(transcend)する」契機を見出すことができるだろう[17]。異なるアクター同士の利益をめぐる単なる妥協や調整ではなく、共通の価値や共同性をまさに「創造する」ことが重視されるという意味で、従来の「闘争の制度化」を前提とする近代国際関係の論理を克服する論理を秘めていると言える。

　そこで、「国際共生」を〈international conviviality〉の意味で使うとすれば、二つの意義が考えられる。ひとつは、国家間の相互に妥協が難しい政治的諸問題について、新たな価値や共同性を創出することによって事態を打開し、いわば「win-win」(プラスサム)の国際関係を創出するわずかな可能性を捉え切ることができる。「新たな価値の創出」、そして「祝祭」というイメージから、そこでは文化や象徴、そしてアートの果たす役割が重要となる。そして第二に、〈conviviality〉にはあらゆる生命の共存という意味が含まれていることから、単に国際システムの強者のみならず、むしろ〈周辺〉に息づく無数の弱者や自然環境をも前提にした、〈周辺〉からの秩序構想の可能性も見据えることができる。先のイスラエルとパレスチナの例で言えば、その両者の力関係がけっして「対等」ではない以上、中東における「共生」は、まずパレスチナの、しかもまたその中でも最底辺の弱者の存在を最大限に尊重する中から構想される必要があることになる。〈international conviviality〉は、その意味では、〈transnational conviviality〉、あるいは〈cosmopolitan conviviality〉の意味を帯びることになる。またさらに、この「共生」概念の積極的な次元を、あえて「協生」と言い換えることで救い出そうとする試みも存在するように、従来の国家安全保障や新

自由主義的経済システムの論理を越えた、まさに新しい社会システムや地域的アイデンティティの構築を展望することも可能かもしれない[18]。自己の生存を基盤とする〈symbiosis〉は、いわば近代ヨーロッパで生成した伝統的な国際関係の連続性の中にあるが、〈conviviality〉はあえてそれを克服しようとする「東洋的」な「和」の伝統の可能性の再発見を試みる概念であるとも言える。

しかし逆に、たとえば東アジアにおいては、その地域的・歴史的な特性から、〈conviviality〉のみならず、むしろ〈symbiosis〉の概念にこそ焦点が当てられる必要があると思われる[19]。この地域では、たとえば「ヨーロッパ」と比較しても、歴史的にあらかじめ共通の世界観やアイデンティティを前提にした地域主義を構築できなかった。戦後アメリカの対共産主義戦略におけるヨーロッパとアジアとの政策的相違に起因するものだけでなく、当該地域を構成した主要な国々が伝統的に育んできた思想の中にも、この種の地域主義の生成を阻む自己中心的な世界像が根強く残ってきたとも言える[20]。伝統的に一方で中国に見られるような「実体性のある地理的空間感覚を伴った大国意識」と、他方で日本や韓国に見られる「地理的空間感覚を伴わない『経済大国』的な意識」とが錯綜する中で、簡単に個々のナショナリズムを克服できるかのような観念的な「東アジア・イデオロギー」は現実に裏切られるだけかもしれない[21]。したがって東アジアでは、先験的な共通性ではなく、むしろその前提のすれ違いやディスコミュニケーションの構造を深く自覚することから出発することが必要である[22]。そしてこのことは、かつて日本において、アジアにおける先験的な「共通性」や「一体性」の観念的な強調が結果的に何をもたらしたのかという歴史的な経験をふまえる中で、さらに重要性を帯びるだろう。「アジアはひとつ」ではなく、常に豊かな多様性と共約不可能な無数の存在からなる世界であり、個々の差異と、時にその衝突こそが新たな「共生」の動的な空間を創りだす。その意

味で、根源的な差異や他者性を前提とする「和解」や「寛容」の思想は、東アジア地域の「共生」にとってもきわめて重要な意味をもっていると言える[23]。

「共生」概念の二つの意味の源泉である〈symbiosis〉も〈conviviality〉も、いずれも「国際共生」を理解する上で不可欠の概念であるが、ここで再び図1-1の枠組みに即して整理すれば、両者とも、いずれも異なる意味において、「アクターの多様性」、および「問題の包括性(共通性)」という意味を内包している。〈symbiosis〉から見れば、「アクターの多様性」とは、個々のアクターがまさにお互いに共約不可能な存在であるということを意味し、「問題の包括性」とは、アクターが競合関係にあっても、結果的に包括的かつ共通の「危機」を認識することを意味している。他方、〈conviviality〉では、前者は、まさに世界システムの〈周辺〉的な存在を前提にした創造的な世界を思い描くことに他ならず、後者は、地球環境や人間の尊厳など、個々のアクターを貫く普遍的な共通性を前提とすることを意味している。本論では、「国際共生」概念を、特に東アジアの現実に当てはめてみた場合、〈conviviality〉という意味における「共生」以前に、〈symbiosis〉という意味における「共生」への契機が、軽視されてはならないという立場を強調しておきたい。この地域では、むしろ「危機」の共有から「共生」の契機が生み出されるというまさにその「逆説」にこそ、重要な意味があると思われるからである[24]。

## 4　むすび―生きとし生けるものの「共生」へ

しかし、「3・11」という「危機」は、まさに〈international conviviality〉(あるいは〈global conviviality〉)という意味における「国際共生」の次元を再浮上させた。社会システムは、その外側にある地球環境システムと「共生」しており、また人間がテクノロジー

によってつくりだした「第二の自然」とも「共生」を余儀なくされている。また、たとえば放射性物質の越境的拡散という現実の前で、あらゆる人為的な境界線の設定が恣意的なものとならざるをえなくなったように、これまで「共生」が成り立つとされた個々の領域の境界線も、もはやその明確な輪郭を失ってしまった。そして、「国民を守るために」、国境の外側からの軍事的な脅威に対し、まさに軍事的な備えを行うという「国家安全保障」の伝統的諸原則も、根源的な挑戦を受けた。「3・11」の原子力災害という未曽有の国家的な危機は、国境の内側から、まぎれもなく内発的な理由によって引き起こされたからである。

　このように、これまでの基本的な枠組みが流動化する「地球規模のリスク社会」を生きなければならないという現代的な条件下で、個々のアクターは、自らの個別的な安全や平和を実現するためにも、従来の境界を越えたより広範な危機や、負の「共通性(commonality)」を自覚しなければならなくなっている。地球環境問題、核拡散問題、国際テロリズム問題など、地球上のあらゆるアクターにとって看過できない深刻な問題が山積しているが、これらの問題が、われわれの生の条件そのものを脅かし、しかも個々の安全や個別的利益の追求ではもはや克服することができないという事実を、国際社会の多くのアクターが共通認識とするようになることは、新しい「国際共生」の枠組みが生み出されるための第一歩となるだろう。

「地球規模のリスク社会」では、一度「外部化」したと思われた危機やリスクが、その「外部化」の主体に対してブーメランのように再帰する。見えない遠くの他者に押しつけたはずの矛盾は、時間を経て、やがて必ず自分たちのところへもどってくる。つまり、この新しい世界において〈見知らぬ他者〉は、まさに〈明日の自分〉に他ならない。異常なまでに拡大した貧富の格差、環境破壊や農業の破壊、ローカル・コミュニティやヴァナキュラー(土着的・民

衆的)な文化の崩壊、といった地球規模の問題は、もはや問題の所在や責任を一定地域に囲い込むだけの分断的思考では対処できなくなりつつある。またそのような分断的思考が、これらの事態を正当化、あるいは不可視化し、その悪化を助長しているとも言える。確かにこの種の思考は、「勝てば官軍」(社会的ダーウィニズム)の諸言説、あるいはさまざまなタイプの差別や無関心という形で世界中に蔓延しつつあるように見える。しかし、確かなのは、そういった分断の方向には人類の永続的な未来を望むことはできないということである。

かつて詩人の宮澤賢治は、「世界がぜんたい幸福にならないうちは個人の幸福はあり得ない」と語った[25]。このことばは、一詩人の宗教的な信念に支えられたもので、ごく文学的なものにすぎないと切り捨てることができるかもしれない。しかし、現代における「国際共生」概念を考える際に、彼のこのことばには、きわめて本質的なメッセージが含まれている。それは、〈international conviviality〉(あるいは〈global conviviality〉)という意味における「国際共生」を考える際に、グローバル市場や国家安全保障などの既存の秩序の中からはこぼれ落ちてしまう多くの存在を前提にしなければならないということを、彼のことばが鮮明に示唆しているからである[26]。

もし「国際共生」概念を、これまでの「国際平和」や「国際協力」などに代えて使用するべき何らかの意義があるとすれば、その理由は、まさにこの概念が、世界認識におけるこれまでの分断を可能な限り克服し、国際社会に生きるすべての人々、生命にとって「共に生きる」という意味での「共生」を志向しているからだと言うことができるだろう。つまり、「国際共生」概念には、分断と無関心の時代を越えて、地球規模で共感と相互扶助の文化をどのように創り出すことができるのかという、すぐれて野心的な問題意識も内在しているのである。

[註と引用参考文献]
1：たとえば、政治理論における「3・11」のインパクトを考察したものとして、佐々木寛「政治理論における〈核〉の位置づけに関する若干の考察」『立教法学』第86号(2012年)、64-93頁を参照のこと。
2：「3・11」を契機に、たとえば日本の原子力行政は原発付近の地下活断層の評価にもさらに大きく左右されるようになった。またドイツでは、「3・11」が自国のエネルギー政策そのものを大転換させる契機となった。ドイツの政策転換とその背景については、さしあたり、熊谷徹『なぜメルケルは「転向」したのか―ドイツ原子力四〇年戦争の真実』日経ＢＰ社(2012年)が詳しい。
3：Ulrich Beck, *Ecological Politics in an Age of Risk*, Polity Press, (2002).
4：船橋洋一『カウントダウン・メルトダウン』文藝春秋(2012年)下巻を参照。
5：「3・11」に際しては、世界の163の国や地域、43の国際機関から支援の申し入れがあった。外務省ＨＰ(「各国・地域等からの緊急支援」：http://www.mofa.go.jp/mofaj/saigai/shien.html)を参照。
6：五十嵐暁郎・佐々木寛・高原明生編『東アジア安全保障の新展開』明石書店(2010年)
7：Charles L. Glaser, *Rational Theory of International Politics: The Logic of Competition and Cooperation*, Princeton University Press, (2010).
8：典型例として、William E. Griffith, *Cold War and Coexistence: Russia, China and U.S.*, Prentice Hall (1971)を参照。ちなみに、管見の限り、実際は"international coexistence"という概念を使用した文献はあまり見られず、同様の文脈では、「平和共存(peaceful coexistence)」という用語が多く用いられている。
9：近年、日中間の折衝の結果生まれた「戦略的互恵関係」という考え方もここに含まれるだろう。言うまでもなく、これらの用語は頻繁に使用されるが、たとえば「国際協約(international covenant)」ではなく、「グローバル協約(global covenant)」などという言い方をすれば、それは単に主権国家による外交の結果にとどまらないより包括的な意味をもつ。David Held, *Global Covenant: The Social Democratic Alternative to the Washington Consensus*, Polity Press, (2004) を参照。
10：たとえば、現在進行中の「環太平洋連携協定(TPP)」もその一例である。Jeffrey J. Schott, Barbara Kotschwar, Julia Muir, *Understanding the*

*Trans-Pacific Partnership*, (2013)を参照。
11：言うまでもなく、この用語を冠した研究は無数にある。国家の単独行動主義との対比や多国間主義から同概念を位置づけた理論的文献としては、Jennifer Sterling-Folker, *Theories of International Cooperation and the Primacy of Anarchy: Explaining U.S. International Policy-Making After Bretton Woods*, (2002). や、I. William Zartman and Saadia Touval eds., *International Cooperation: The Extents and Limits of Multilateralism*, Cambridge University Press, (2010)., Joseph S. Nye Jr., *Understanding Global Conflict and Cooperation: An Introduction to Theory and History*, (2012) を参照。また日本語の「国際協力」も、政府間のものと民間のものとの両者を含むが、比較的に国際ＮＧＯなどによる国際支援活動を意味する場合が多い。
12：「国際的人道支援」をめぐるこのような政治的葛藤については、一例として、Eric A. Belgrad, Nitza Nachmias, *The Politics of International Humanitarian Aid Operations*, (1997) を参照。
13：「共生」概念の諸要素に関する精緻な理論的分類については、Yoichiro Murakami, Noriko Kawamura, and Shin Chiba, eds., *Toward a Peaceable Future: Redefining Peace, Security, and Kyosei from a Multidisciplinary Perspective*, Pullman, WA: The Foley Institute, Washington State University,(2005)、千葉眞「東アジアにおける和と共生の実現のために」（村上陽一郎・千葉眞編『平和と和解のグランドデザイン―東アジアにおける共生を求めて』風行社(2009年)、ヨハン・ガルトゥング「補論・『共生』(kyosei)概念について」（村上陽一郎・千葉眞編 前掲書）を参照。また黒澤満は、「国際共生」の定義を、「国際社会における行動主体の間において、お互いに積極的に努力し協力し、両者にとってともにプラスに働く状況を作り出すことであり、また国際社会をより平和で公正にすることを目指すものである」としている。黒澤満編著『国際関係入門―共生の観点から』東信堂(2011年)を参照。
14：この問題を扱った文献として、佐々木寛「『グローバル・シティズンシップ』の射程」（『立命館法学』第333・334号(2010年)、681-709頁、佐藤幸男「21世紀の『人権としての平和』構築と共生学序説―その課題の鳥瞰的展望」（佐藤幸男・森川裕二『日中対話の新たな可能性をめざして―歴史・記憶との共生』富山大学(2013年)を参照。
15：佐々木寛「危機から〈共生〉へ―『東アジア』論の地平」（佐々木寛編『東アジア〈共生〉の条件』世織書房(2006年)、3-26頁。

16：イバン・イリイチ『政治的転換』(滝本往人訳)日本エディタースクール出版部(1989年)を参照。
17：「紛争転換」の概念については、ヨハン・ガルトゥング・伊藤武彦『平和的手段による紛争の解決』(奥本京子訳　平和文化出版　2002年)、および、http://www.transcend.org/ を参照。
18：たとえば政治学者の渋谷武は、「自者肯定・他者否定」の「共生」原理から「自者肯定・他者肯定」の「協生」原理を区別し、後者のラジカルな可能性を追求している。渋谷武『葉葉協生論』文芸社(2008年)を参照。
19：佐々木寛　前掲論文を参照。
20：古田博司『東アジア・イデオロギーを超えて』新書館(2003年)参照。
21：孫歌『アジアを語ることのジレンマ』(溝口雄三他訳)岩波書店(2002年)参照。
22：この問題は、たとえば日本のわれわれが北朝鮮(朝鮮民主主義人民共和国)をめぐる問題を「理解する」ことにおいても重要な意味をもつ。体制への好悪や価値判断の前に、まずそれがなぜそれほどまでにわれわれと異なって見えるのか、その理由を冷静に問うことが出発点となるということである。
23：戦前日本の「アジア主義」がもっていた可能性と限界についての学問的な探究は未完である。また、この文脈から(最近は少なからず批判的評価が見られるようになったものの)、たとえば「ASEAN Way」と呼ばれるような、東南アジア諸国によるコンセンサスと内政不干渉とを原則とするゆるやかな地域形成のあり方の存在意義も再確認できるだろう。
24：佐々木寛　前掲論文を参照。東アジアに依然として横たわる歴史認識問題や領土問題などと並んで、特に北朝鮮の核兵器開発問題には出口が見られないが、1990年代からの一連の核危機のプロセスの中で生み出された多国間協議(6者協議)の枠組みは、この「危機」の共有による「国際共生」の典型例として意味づけることができる。この東アジア国際関係における「6者協議」の枠組みの可能性を論じるには別稿を要する。
25：宮澤賢治『農民芸術概論綱要』青空文庫(2012年)を参照。
26：このような生きとし生けるものの「共生」へと向かうためには、たとえば、かつてF・ブローデルが描いたような、人間と環境が織りなす〈総体〉としての歴史の次元を再び思い起こす必要があるだろう。その際、「海」は、その豊かな媒介となる。フェルディナンド・ブローデル『地

中海世界』(神沢栄三訳)みすず書房(2000年)を参照。

### 病との「共生」という経験

　私は小児のころから重度の喘息もちで、20代になってからもたびたび発作を起こし、夜間病院にかけこむことも年に何度かありました。ただ呼吸をするという、生物にとってごく当たり前のことに四苦八苦するので、おかしな話ですが、単に普通に息ができるというだけでずいぶんと幸せなことであると感じていました。ただ、最近は良い薬ができて、発作もほとんどなくなり、持病のことは忘れることが多くなっています。その意味で私は、現代医学の恩恵を身にしみて感じています。

　しかし今思えば、かつての病苦と闘っている記憶は、必ずしもマイナスのことだけではないということに気がつきます。逆に薬で苦痛を取り除いてしまったことで、以前より体の声を聴くことに鈍感になり、精神もいくぶんか緊張感を失っているのではないかと思う時があります。薬という「安楽」によって、かつていつも目の前にあった生や死への研ぎ澄まされた感覚も薄らいでいるように思います。〈生〉の濃淡が、実は〈病〉によってつくりだされていたということを、今になって気がつくのです。

　私は「共生」というものは、自分の身体や存在を脅かし、食い殺そうとする相手と友情を築くことだと思っています。そしてこのような逆説的な感覚は、この子どもの頃からの病気の経験が大きく影響を与えていると思っています。

## 第2章

### 国際共生と東アジアの平和構築

千葉　眞

## 1　はじめに―平和研究の現在

　大阪女学院大学の国際共生研究所がかかげる「国際共生」の理念は、現代的状況において重要性をますます増し加えてきたのではないかと思う。現代世界においては各地でテロリズムが引き続き見られ、局地的な紛争や対立が激化しており、アフガン戦争とイラク戦争の余波もまだ続いている。それだけでなくシリアの内戦や過激派の暗躍、東アジアを例にとっても北朝鮮の挑発、尖閣諸島（釣魚島）や竹島（独島）の領有をめぐる紛糾など、どれをとっても深刻な状況を呈している。こうして国際共生とそれに基づく紛争解決や平和構築は、現代世界の焦眉の課題となってきた。本章で「共生」（国際共生を含む）は、第2節で詳述するように、（1）寛容、（2）会話、（3）協働といった三層構造ないし三つのグラデーションをもつ概念として理解されている。

　今日の平和研究にとって新しい重要な展開があるとすれば、その一つは「平和構築」（peacebuilding）の理論的かつ実践的意義の高まりである。したがって「平和研究の現在」について説明するのであれば、「平和構築」の概念について語ることが不可欠であろう。それゆえここでは、「共生」の概念を検討する前に、「平和構築」の概念が出てきた歴史的経緯、ならびにこの概念が今日の平和の理論

と実践に対してどのような可能性と意義を帯びたものであるのかを概観しておきたい。そして第2節以降の行論において日本発の「共生」の概念についても概観し、「共生」と「平和構築」との潜在的に可能な理論的および実践的結びつきについても一瞥しておきたい。というのも、第一に「共生」の概念(国際共生を含む)は、理論的かつ実践的意味で日本の平和研究と平和教育にとって重要な支柱として受容されるようになってきたからである。そして第二に「共生」に裏打ちされた「平和構築」は、今後とも日本の平和外交の支柱としてより自覚的に理解され受容されるべき重要なアプローチと考えられるからである。

　平和構築の概念は、もともと平和研究者ヨハン・ガルトゥングなどが1970年代に発案したものであった。だが、この概念が一般的に受容されるようになったのは、国連事務総長であったブートロス・ブートロス＝ガリが、報告「平和への課題」において紛争後の平和構築の課題について言及した1990年代初期であった。その時代的背景としては、ポスト冷戦期の始まりを告げるこの時期に国際安全保障、持続可能な発展、人権保障という三部門において、紛争後の社会や国際関係における平和構築が焦眉の課題として強く認識された事実があった。そして平和構築の概念の制度的具現化は、2005年の「国連平和構築委員会」(PBC)の創設、その後の「平和構築支援事務局」(PBSO)および「平和構築基金」(PBF)の設置によって促進された[1]。その後、国連の平和構築の総合的な制度的デザインにかかわる新たな「平和構築アーキテクチャー」(PBA)が創設されたが、そのリーダーシップの下にPBC、PBSO、PBFは包摂されることになる[2]。

　「平和維持活動」(peacekeeping)は、1940年代後半の中東諸国の紛争、1950年代中葉のスエズ危機に対する国連の関与に関連して発案された概念で、国連の安全保障理事会の管轄下の「国際の平和と安全」の維持を目的とする活動であった。しかし、平和構築

の方は国際安全保障の分野にとどまらず、持続可能な発展ならびに人権保障の分野をも網羅し、それゆえにより包括的な概念である。従来、平和構築は「紛争解決」(conflict resolution)後の活動と認識される傾向にあったが、今日ではより包括的に理解されている。つまり、平和構築は、そのなかに紛争解決活動を包含すると同時に、紛争後の社会や国際関係において紛争や戦闘が再発するのを予防する平和維持活動、さらにはより長期的視野に立って紛争後の社会や国際関係のインフラ——社会的・経済的および政治的・法的基礎——の確立(「平和確立」[consolidation of peace] 活動)をも含意している。こうして平和構築は、時間的にも過去・現在・未来の三次元を見通した広汎な概念にほかならず、作業的にも紛争解決、平和維持、紛争予防、平和創造、平和確立(平和のインフラ整備)といった多重の行為様式を網羅する包括的な概念——一種のumbrella概念——として立ち現れてくる。

　戦後日本政府の消極外交——とくに国家安全保障の分野での——については、周知のように、多種多様な分析と批判がある。しかし、それでも1950年代中葉以降の日本政府の核実験反対の姿勢、1970年代末以降のアジアや中東地域などにおける「政府開発援助」(ODA)政策、1990年代末以降に小渕内閣が展開しようとした「人間の安全保障」(human security)政策などには、一定の高い評価がある。例えば、シンガポールのラム・ペン・エア(藍平児)は、2009年刊行の著書で1970年代末以降の日本のアジアにおける「平和構築外交」に着目した。彼の指摘によれば、日本の積極的な平和構築外交は1977年の福田ドクトリンの表明を嚆矢とした。福田ドクトリンは、①軍事大国の拒否・世界平和への貢献、②心と心の触れあう信頼関係の構築、③対等な立場で東南アジア諸国の平和と繁栄に寄与、という三つの原則を骨子とした。この基本方針は、1989年のカンボジアでのUN活動への参加、1999年以降の東ティモールでの平和構築活動への支援を

経て、2001年発足の小泉内閣やその後の政権の外交政策へと引き継がれていった。ラムの主張は、戦後日本の消極外交に関する数多くの議論にもかかわらず、日本外交は少なくともアジアの平和構築において際立った実績を示してきたというものである[3]。さらにラムの議論は、日本政府に対して、第一の戦後の道筋であった「一国平和主義」を超えて、さらに第二の選択肢である「普通の国」路線をも超えて、より自覚的に第三の道として「平和構築外交」を国是となすべきであるとの提言を含んでいる[4]。しかも、日本の平和構築外交の特質として、憲法平和主義、ODA、人間の安全保障、「平和強制」(peace enforcement)の回避、平和確立といった基本的諸原則があるとの主張は、説得的な議論といえよう[5]。これはまことに傾聴すべき議論である。ただし、ラムの議論とは異なり、日本外交の積極的介入の方向性についてはいまだに不明であるという分析をしているリチャード・J・サムエルズなどの論者も少なくない[6]。こうした危惧は、近年の竹島や尖閣諸島をめぐる領土問題への日本政府の対応などを見ると、裏書きされている印象もある。

　こうして平和構築の概念は、理論的にも実践的にも現在の平和研究の最前線に浮上してきたといえよう。その出自においてこの概念は、これまで紛争解決後の紛争予防のための平和のインフラ整備という狭い意味合いにおいて認識されていた。しかし今日、既述したように、平和構築の概念は、紛争解決、平和維持、紛争予防、平和確立など、多種多様な作業と課題を包括する広汎な意味合いで定義されるようになった。この包括性と広汎性とは平和構築の概念の魅力を構成しているが、しかし、それは同時にこの概念の多義性と曖昧性とを生み出す要因ともなっている。このような事情を鑑みた場合、今後とも理論的には「構成主義」(constructivism)の視点から平和構築の概念のさらなる意味づけと精緻化が要請されているように思われる[7]。

## 2 共生の多様な意味合い：
### （1）寛容モデル、（2）会話モデル、（3）協働モデル

　国際基督教大学（ICU）のいくつかの分野の専門家グループはかつて、21世紀COEプログラム「『平和・安全・共生』研究教育の形成と展開」（2003-2008年）にかかわったが、そのプロセスにおいて取得した共生に関する知見と理解のいくつかをここで振り返っておきたいと思う。

　共生の概念に関する研究と調査は、上記のCOEプログラムの開始当初（2003年）から始められた。最初の知見として筆者を含むそれに係わったメンバーたちは、日本語の共生という用語が欧米の言語に置き換えるのがきわめて困難であるという認識を得た。おそらく現代語としての共生は、日本人のもっている言語感覚、広く具体的にいえば「和」の語彙的系譜に由来したのではないかと思われた。周知のごとく英語では共生に類似した意味合いをもつ言葉としては、symbiosis、coexistence、living together、convivialityなどが想定できるし、しばしばこれらの用語は「共生」と訳されてきた。しかしながら、これら四つの英語の用語や熟語も、共生のもつ本来の含意やニュアンスを十分に伝えてくれているとは思われなかった。そこでワシントン州立大学（WSU）との共同研究の最初の成果であった英文著作（*Toward a Peaceable Future*, 2004）において、私たちは熟慮の末、共生を英語に翻訳することをあきらめ、それをローマ字でkyoseiと表記することにした[8]。

　このように共生はそれ自体、なかなか英語には訳しにくい独特の意味とニュアンスを保持している。おそらく英語の用語のなかでは、自己と他者との相互的関係性、互恵性、間主観性の意義を指し示しているという点で、conviviality（コンヴィヴィアリティ）が意味的には最も共生に近い言葉であるといえよう。コンヴィヴィアリティも共生も、双方ともに自己と他者との異質性の承認を含

意している。コンヴィヴィアリティという言葉は、陽気な協働性のあり方、生や仕事の祝祭性を示す用語として、すでに1970年代にイヴァン・イリイチらによって、社会学の分野において使用されていた。しかし、なぜかこの言葉は、社会諸科学における専門用語として確立されることはなく、また広汎に使用されるということもなかった。その一つの理由としては、コンヴィヴィアリティという言葉の英語がもつニュアンスとして、宴会やパーティーなど、人々の飲食を中心にした和合が含意されていることがあろう。こうした事情もあって、英語のネイティブ・スピーカーは概して、コンヴィヴィアリティを社会諸科学の専門用語として受け容れることにはかなりの違和感があることに気づいた。しかし、興味深いことに、スペイン語圏の研究者、東欧の研究者、アジアの専門家にとっては、コンヴィヴィアリティという用語の使用に関して、こうした英語のネイティブ・スピーカーがもつ違和感はなく、この用語はむしろ興味深く、使用可能な言葉だというのが一般的な感触だった。例えば、スペイン語圏の人々は、日常生活において、また職業生活や専門の仕事においても、同じ語源のconvivencia という言葉を使用している。中国語での共生は、同じ漢字でgong-shengと発音されるが、日常的に使用されている言葉である。朝鮮語で共生はkong-saengと発音され、またローマ字表記される。朝鮮語では同じ意味合いの「相生」sang-saengの方が頻繁に使用されるが、共生も互換的によく使用される。それだけでなく、上記のCOEプログラムでは教育学の千葉杲弘が、アジア・太平洋地域の諸国民や諸言語のなかに日本語の共生の同義語ないし類似語の有無を調査する一連の共同研究を行った。その地道な共同研究の成果によれば、この広汎な地域の大多数の言語において、共生と同じ意味の語彙が広く存在することが報告されている[9]。

　これらの事実や観察はきわめて興味深いものがあり、多様な言

語圏や文化的伝統に帰属している多くの民族やエスニック集団が、共生という概念と語彙を保持しており、互恵的かつ相互承認的な生き方という意味合いでそれを使用している。ここで共生とは、自己と他者ないし異質なものとの連帯と協働の態度ないし生活様式を意味している。そしてこの共生における連帯と協働は、相互の存在と自由な表現の承認によって活性化されるのである。

　共生に関するこれらの事実や背景を踏まえて、私たちはどのように共生の意味を適切に捉えることができるだろうか。日本の人文諸科学および社会諸科学の分野では、ここ30年にわたり、共生という言葉についてさまざまな定義や意味づけの試みがなされてきた。それだけでなく、この言葉はジャーナリズムにおいても一般的に使用され、日本社会にも流布する周知の用語として定着した。しかしながら、共生に関して一義的な定義はいまだに確立されていない。おそらく固定的な意味の確立が望ましいとはいえないであろう。研究者たちの間でも、この言葉の使用者の間でも、多種多様な解釈と議論がなされてきた。それゆえに共生の意味の確定や厳密な定義の問題は、今なお決着のついた問題とは言いがたい。前述の英文著書のイントロダクションにおいて私たちは、30年余りにわたって日本で議論されてきた三つの共生の意味合いを、（1）「寛容モデル」、（2）「会話モデル」、（3）「協働モデル」（ないし「共通性モデル」）として分類することを試みた[10]。ここではこの分類に基づいて、日本の現代の議論における共生のこれら三類型をまずは簡単に振り返っておきたいと考える。

　第一に（1）寛容モデルであるが、世界的に著名な建築家黒川紀章は、1980年代の日米間の貿易摩擦の議論との関連で、共生という用語を使い始めた論者の一人であった。彼は著書『共生の思想』(1987年)において、日米間の貿易摩擦を解決するための提言として共生の考え方を明示したのであった。黒川が提唱したのは、日米ともに他者の文化的価値と伝統を尊重し承認しながら、各々

の神聖な文化的価値を「聖域」として尊重し承認する共生のあり方であった[11]。彼の共生の提唱は文化的本質主義者としての立場に根ざすものであったのであり、その実際の意図はグローバル化の荒波に抗して日本の固有の文化的価値と伝統を擁護することであった。黒川は、日本の聖域には天皇制、稲作、相撲、歌舞伎、茶道なども含まれると主張している[12]。彼の指摘するところによれば、一定の文化にとって聖域が聖域である理由は、その文化に固有の価値であることによって、科学的分析や国際的協定からそれらの吟味検討を回避できるところにこそある。つまり、聖域とはその文化にとっての神秘の領域であり、自分たちのアイデンティティーの拠り所であり、文化的プライドの源泉でもあるとされる[13]。

　私たちは、黒川の提唱にみられるこうした独立自尊と共存としての共生の理解を寛容モデルと名づけたのであった。というのも、こうした彼の考え方は、諸種の異なる伝統や文化的価値の平和的共存という意味において、マイケル・ウォルツァーの「寛容」概念に重なるところがあるからである[14]。しかし、注意すべきは、黒川の場合、他の文化的伝統との遭遇と折衝において、討議や意見交換や交渉を通じて、自分たちの文化的価値を多少なりとも相対化したり修正したりするという関心を、ほとんど保持していないことである。それゆえにその共生理解は、前近代的で本質主義的かつスタティックな性格を帯びているとの批判がしばしばなされてきた。それが表面上は共生であり、寛容な対応であったとしても、その実際の意図は日本文化の変容をいっさい受け入れようとしない文化的ナショナリズムないし日本文化中心主義の現れであることは無視できないであろう[15]。

　第二の類型の共生は、私たちが会話モデルと名づけたものであり、その具体的事例には法哲学者井上達夫によって提示された共生の考え方がある。彼は、1980年代の刺激的な著書『共生の作法』

(1986年)において、リベラリズムの哲学を提示しようと試みた。その際、井上は、ロールズ以降の正義論の系譜に依拠しつつ、とくに正義とリベラリズムとの内的かつ必然的な関係を闡明する課題と取り組んだといえよう。井上は、人々の通常の「会話」という行為のなかにリベラリズムの共生の本質的要素を捉えようとしたと指摘している。ここで会話は、「共生の最も基本的な行為様式」として理解されている[16]。さまざまに異なる人々は、会話という通路を媒介にして、自由の共通空間としての「ソキエタス(社交体)」(societas)という古代の概念に含意された相互交流の場に参加するのである。

井上はこの会話モデルを対話モデルと対比しつつ、前者を擁護している。彼の理解するところによれば、対話モデルは、会話モデルにみられる異質な人々の間の打ち解けた自由な相互関係を阻害し、彼らの相互に独立した自律的な立場を危うくする傾向にある[17]。この対話モデルはしばしば、上記の自由な共通空間としてのソキエタス(社交体)ではなく、むしろこれまた古代にさかのぼるもう一つの団体概念「ウニヴェルシタス(組織体)」(universitas)を前提としている。ウニヴェルシタス(組織体)は、実体的な手段−目的連関のなかで特定のあらかじめ決められた共通目標を提示し、その具現化を目指す集合体にほかならない。

こうして井上の求める共生は、効率的な手段−目的連関のなかで追求される人々の協働という結合様式ではなく、むしろ相互交流それ自体が目的化されている結合様式にほかならない。そこでは会話のパートナーたちは、各人の独立性とプライヴァシーを尊重し、合意に至るための強制の契機をできるだけ排除しようとする。このリベラリズムの共生の概念は、会話と同様に、異なる人々や集団の間での自発的で喜ばしい相互交流のプロセスを享受することを意味している。その特徴は、共生によって特定の意図された結果が生み出されることを必ずしも想定していない点にある。

会話としての共生の特徴は、むしろ相互間の合意、反対、議論、競争といった交流の契機――何にもましてフェアプレーの精神と喜ばしい交流――を重視するところにあるといえよう[18]。井上はさらに共著『共生への冒険』(1992年)を著したが、そこでは共生は「異質なものに開かれた社会的結合様式」として提示されている。それは、さまざまな生き方をする人々が、「自由な活動と参加の機会を相互に承認し、相互の関係を積極的に築き上げてゆけるような社会的結合」にほかならない[19]。井上は、この種の開放的かつ会話的な共生の概念を表現する英語の用語として、閉鎖系のイメージがつきまとうsymbiosisではなく、開放系のconvivialityを採用した。

　第三の共生のモデルはここでは協働モデル(ないし共通性モデル)と名づけているが、尾関周二などよって提示されてきた類型である。尾関らは以下のように主張している。

　　「共生」という概念は、現在、思想や社会科学の分野において新しい積極的な意義を伴い登場しつつある。共生概念はもともと生態学的概念であり、異種の生物が生理的・行動的に結合し生活する状態をさすものである。しかし今日、共生概念は、基本的に「他者との差異・対立・多様性を承認しつつ、相互に自己変革しあい、平等・対等に共に生きる」ことを含意し、「共生」思想として展開されつつある。すなわち、共生概念は、人間と自然、また人間と人間のさまざまな次元に適用され考察されつつある[20]。

　こうしてこの協働モデルは、種々の集団間の交流、自然環境と人間社会との関係など、さまざまな関係や次元に適用されている。日本では近年、スローガンとして提唱されているものには、「人間と自然との共生」のほかに、「民族間の共生」、「文化間の共生」、「男

女の共生と共同参画」、「健常者と障害者との共生」などがある。この協働モデルないし共通性モデルは、異質な主体の間に相互の個体性の尊厳を尊重しつつ、そのうえで公正な連帯を模索するという意味で使用されている。したがって協働モデルの共生は、実証的概念というよりは、むしろ規範としての意味合いの濃い概念である。この第三の協働モデルは、多少のヴァリエーションをも含めて、近年、共生の意味合いとして多くの人々に受容されているタイプであるといえよう[21]。

尾関は井上の提起した会話モデルに対して論争を挑んでいるが、それが市場の自由な競争原理と親和的であり、それを支持する結果、貧富の差を助長するからだと指摘している。これに対して協働モデルは、社会状況や国際状況におけるより脆弱で不公正な処遇を受けている集団や人々や実体——例えば各種のマイノリティー、女性、自然環境など——に対してエンパワーメントになるという意味でより好ましい共生モデルであると主張している[22]。このように共生の概念は、概して上記の三つのグラデーションを保持していると考えられるが、東アジアの現代的文脈における和解と平和の実現のためには、いずれも同様に重要な意義を有しているといえよう[23]。

## 3 共生と正義(ないし公正)

戦後の平和研究の創始者の一人、ヨハン・ガルトゥングは、ここ十数年にわたって基調講演、院生オープンセミナー、インタビューなどのために国際基督教大学をしばしば訪問し、21世紀COEプログラムの広域平和研究の進展にむけて貴重な助力を惜しまなかった。彼はもともと英語で著わされた近年の論文において、共生の概念について次のように述べている。

共生とは寛容に加えて会話であり、それらに加えて共通性であるという。さらに共生は、生に反するものや不調和や暴力を脱して、より高次のレベルの共なる生活へと発展していくものであるという。日本の平和研究は、共生を導きの灯とすることによってその包含する諸種の豊かな意味合いを汲みとることができ、戦争と暴力からの解放にとどまらず、より積極的な平和を追求することにおいてよい方向をたどりつつある。積極的平和は、これまで不十分な形でしか展開されていないが、日本はそれに取り組むための豊かな伝統と聖域、良質な会話と共同プロジェクトを有している[24]。

　ガルトゥングは、日本の平和研究にとって共生の意義を強調したが、彼はまた共生にはたして「公正」(equity)の意味合いが含意されているかどうかという懸念を示唆してもいる[25]。同様にリチャード・フォークも、2007年に開催された平和研究セミナーにおいて、現代における平和のグランドセオリー構築の課題としてより有意義であるためには、「平和・安全・共生」に「正義」(justice)を付加する必要があるのではないかという提言をしている[26]。これらの懸念や指摘は傾聴に値する。共生にはアリストテレス的な「矯正的正義」の意味合いが含意されていないわけではないが、その含意をより自覚的に受け止める必要があろう。というのも、和や共生の力点は、比較考量した場合、平等や正義の側にあるというよりは、むしろ統一性の方に置かれているのではないかという疑問も起こりうるからである。これらの反問や疑問は適切であり、それには根拠がある。というのも、共生の概念は、和の概念と同様に、そこではすべての生命と万物の統一性があらかじめ想定されている全体論的宇宙を前提とするものだからである。したがって和や共生は、例えばヘブライ語の概念である「シャローム（平和）」(shalom)などと比べた場合、正義に対する感覚が希薄である

といえよう[27]。その意味では、共生をより変革的な実践概念として捉え返すためには、正義、公正、アカウンタビリティーの感覚や意味合いをより自覚的に共生の概念に導入すべきだという議論も、もっともな面を有している。

　東アジアの文脈において日本と近隣諸国との間に国際共生を達成する課題が、決して単純で容易なことではないと論ずるのは適切であろう。ここにはアポリアとして戦後の日本政府と市民社会の戦争責任の履行の不十全性という歴史問題が横たわっている。東アジアにおける国際共生の実現のためには、(1)寛容モデル(消極的平和)、(2)会話モデル(外交上の意思疎通の試み)、(3)協働モデル(積極的平和)の三つのグラデーションがすべて必要とされるであろう。その際、各次元で国際共生を具現化していくための必要条件として、いわゆる歴史問題——日本の過去の植民地主義や侵略戦争へのより十全な引責の課題——に対して日本政府と市民社会は今後より真摯に取り組んでいく必要がある[28]。

　それを前提としたうえでだが、共生概念には固有の強みがあると言うべきであろう。その強みとは、それが内包するする広汎なグラデーションと多様な意味合いである。東アジアにおける国際共生の実際はといえば、今のところせいぜい(1)寛容モデル、つまり、戦争のない状態ないし相互不干渉を意味する平和的共存(消極的平和)にとどまっている。しかし、この状態を最低限維持しつつも、やがて(2)会話モデル(外交上の意思疎通や意見交換の試み)や(3)協働モデル(積極的平和)に深化させていく必要がある。私たちはまず、(2)会話的モデルに基づきつつ、諸種のレベルでの自由な意思疎通と意見交換を重ね、さらに最終的には(3)協働モデルに基づく相互の対話による相互承認と連帯の構築(積極的平和)の段階へと到達しなければならない。

## むすび ― 今後の展望と課題:東アジアの平和構築

　一般論として国際関係における平和構築は、実際の国際共生の漸次的具現化によって成し遂げられるといえよう。その意味では国際共生は、平和構築の積極的内実であると言っても過言ではない。いまだに冷戦構造から脱出しきれていない東アジアの現状はまさに国際共生の実現による平和構築を喫緊の課題として突きつけている。2012年から2013年にかけてはとくに、竹島と尖閣諸島の領土問題が大きくクローズアップされ、さらに北朝鮮の核兵器行使の威嚇による瀬戸際外交がその沸点に達した。こうして東アジアには、現在、紛糾や紛争の火種が数多く観察される事態となっている。そのような意味で、こうした紛糾や紛争の火種を大きく燃え上がらせる前に消し止める喫緊の課題が存在するのであり、事態は一刻の猶予も許さない状況になりつつある。まさに国際共生をどのレベルからどのように具現化していくのか、これは東アジアの平和構築の課題にとって避けて通れない問題となってきている。

　当時の石原慎太郎東京都知事による尖閣諸島の購入案を受けて、2012年9月11日に日本政府は尖閣諸島の国有化を閣議決定した。おそらく当時の野田佳彦首相や玄葉光一郎外相の発想には、都の購入よりも国有化の方が国内的にも外交的にも筋が通るとの思惑があったであろう。しかし、中国や台湾はこれに激しく反発し、中国各地で反対デモや日本店の略奪も起こり、これまで築き上げてきた日中間の経済・貿易・文化交流、観光・地域・教育交流は減退の一途をたどり、その底冷え状態は今なお続いている。日本政府の国有化は、これまでの「尖閣問題は棚上げにし、将来世代にその解決を任せよう」とした1972年の田中角栄・周恩来合意(日中国交正常化)、1978年の園田直・鄧小平合意(日中平和友好条約締結)を覆すものと受け止められた。

日中台間のこの国際法的にも歴史的にも微妙な問題に、熟慮することなく踏み込んでしまった当時の野田政権の無理解と過誤には重い責任がある。そして日本政府は安倍第二次内閣になっても、「尖閣諸島について領土問題は存在しない」という従来の主張を繰り返すのみで、その理由を中国や台湾や世界に説得する試みをほとんどしていない。

　国際法的には1895年の尖閣諸島の領有は、「無主の地」の「先占」、実業家古賀辰四郎氏や仲間たちの「一定期間の定住」(鳥毛や貝類の採取を行った)など、日本には実効支配の有利な材料が少なくない[29]。しかし、歴史的には日清戦争(1894-5年)最中における領有宣言であり、明治の植民地主義の展開のなかでの領有化であった。

　第二次大戦後のドイツは、ナチス時代に奪ったすべての領土を戦争責任の履行という意味を込めて返還し、固有の領土とされていた旧プロイセンのかなりの地域をポーランドに割譲した。さらにルールやアルザス・ロレーヌ地方の石炭、鉄鋼について、フランスとの共同管理を実現している。だが、日本の場合、戦争責任の遂行は、1949年頃から米ソ冷戦が始まったこともあり、不十分なものにとどまった。尖閣諸島や竹島の問題は、こうした近代日本の植民地主義の負の遺産との関連で歴史的に捉え返す必要がある。

　今、日本の政府と市民社会には三つの選択肢がある。① 対立と緊張をかかえ込んだ状態にとどまる、② 1972年以降の「棚上げ」路線に戻る、③ 日中、日台の対話や可能なら日中台合同の対話による紛争解決・平和構築を推進する。ここまで紛糾した事態を放置する ① のシナリオは危険である。② の「棚上げ」路線に戻るは、現在のわが国の議論では多数意見である[30]。領有権問題は現状では「棚上げ」以外にないだろうが、しかしこれだけ紛糾した現状では同時に ③ の紛争解決と平和構築にむけた地道な外交を追求することが好ましいことは言うまでもないであろう。その意味

で台湾の馬英九総統の「東シナ海平和イニシャティヴ」は、すこぶる重要な提案である。2013年4月18日に尖閣諸島の周辺海域における「日台民間漁業取り決め(協定)」の調印がなされたが、これは馬総統の提案を受けての進展であった。もっとも、沖縄の漁民にはほとんど相談なしで進められた政府の取り決めには、強い批判の声も上がっている。

　すでに指摘したように、今日の内政や国際関係では、紛争解決と平和構築を区別して考える従来の手法ではなく、紛争解決・和解・平和構築を一緒に行う大局的アプローチ(広義の平和構築)がとられてきている。南アフリカでは1995年に有識者らによる真実和解委員会(TRC)が設立され、アパルトヘイト(人種隔離政策)廃絶、和解、有色人種の被害者たちの人権復権、民主主義の制度化を行うために、積極的な役割を果たした。また東ティモールでも、2001年に設立された受容真実和解委員会(CAVR)が、人権復権と正義の回復において同様の顕著な役割を果たした。

　日本政府は、日清戦争、日韓併合、満州事変、日中戦争と続いた半世紀にわたる植民地主義の負の系譜を自覚しつつ、不十分なものにとどまった戦争責任の再履行という前提のもとに、自己抑制のきいた平和構築外交に着手すべきではないだろうか。

　具体的には東アジア非核・非武装地帯の宣言と制度化、尖閣諸島とその周辺海域の日中台による共同管理(漁業権の相互承認)、共同開発(天然ガスと石油)、EEZ(排他的経済水域)の共同規制水域化(三国が自由に利用できる)を模索すべきであろう。共同規制水域化はすでに竹島において日韓で制度化された先例がある。そして難題ではあるが、遠い将来の可能性としては、最終的に日中台による尖閣諸島の共同統治(condominium／領土権の共有)[31]を外交努力のアジェンダに組み入れておく必要があるのではないだろうか。

　東シナ海を紛争の海にしてはならず、和解と平和の海にする

ことが、東アジアの今後の互恵的な国際関係の構築(国際共生)にとって不可欠である。日本に求められているのは、将来の東アジアの平和構築にむけた大局的でねばり強い外交(平和憲法に根ざした積極外交)であり、各国の市民社会レベルでの活発な交流である。

[註と引用参考文献]

1：Cf., Rob Jenkins, *Peacebuilding: From concept to commission* (London and New York: Routledge, 2013), pp. vii, 2-3.
2：Ibid., pp. 44-148.
3：Cf., Lam Peng Er, *Japan's Peace-building Diplomacy in Asia: Seeking a more active political role* (London and New York: Routledge, 2009), pp. ix, 1, 6, 10. ラムは、カンボジアと東チモールにおいて日本の平和構築活動は成功したが、アチェ、スリランカ、ミンダナオにおいてはそれほどの成果を挙げることができなかったと指摘している。Ibid., pp. 5-10, 27-114.
4：Ibid., pp. 1-5, 10.
5：Ibid., pp. 15-26, 104-114.
6：Cf., Ibid., pp. 104-105. Richard J. Samuels, *Securing Japan* (Ithaca: Cornell University Press, 2007), pp. 4-9, 185-209.
7：E.g., Vincent Chetail, "Introduction: Post-conflict Peacebuilding—Ambiguity and Identity," in *Post-Conflict Peacebuidling*, ed. Vincent Chetail (Oxford: Oxford University Press, 2009), pp. 1-33. Oliver P. Richmond, *The Transformation of Peace* (New York: Palgrave Macmillan, 2007), pp. 6-17, 85-123. 片野淳彦「思想としての平和構築」千葉眞編『平和の政治思想史』おうふう(2009年)、293-303頁。
8：Yoichiro Murakami, Noriko Kawamura, and Shin Chiba, eds., *Toward a Peaceable Future: Redefining Peace, Security, and Kyosei from a Multidisciplinary Perspective* (Pullman, WA: The Foley Institute, Washington State University, 2005).
9：E.g., Akihiro Chiba, *Peace, Kyousei and Conviviality: Can Education Contribute?* (Collection of Research Papers: ICU COE Program, 2008).
10：Murakami et al., eds, *Toward a Peaceable Future*, pp. xvi-xvii.
11：黒川紀章『共生の思想―未来を生きぬくライフスタイル』徳間書店(1987年)、97頁。

12：同上書、98頁。
13：同上書、100頁。
14：Cf., Michael Walzer, *On Toleration* (New Haven: Yale University Press, 1997), p. 12.
15：Murakami et al., eds., *Toward a Peaceable Future*, p. xv.
16：井上達夫『共生の作法―会話としての正義』創文社(1986年)、256頁。
17：同上書、vii、x、240-263頁。
18：同上書、232-236、240-263頁。
19：井上達夫・名和田是彦・桂木隆夫『共生への冒険』毎日新聞社出版(1992年)、25頁。
20：吉田傑俊・尾関周二編『共生思想の探求』青木書店(2002年)、3頁。
21：Murakami et al., eds., *Toward a Peaceable Future*, p. xvi.
22：尾関周二「共生思想の展開と現代」吉田傑俊・尾関周二編『共生思想の探求』、16-19頁。しかしまた、尾関の立場は、暗示的ないし明示的にマルクス主義的な「類的存在」(Gattungswesen)の概念を前提としている面がある。その点で彼の「協働モデル」は、黒川のそれと同様に、多少とも本質主義的でスタティックな固定性を保持していると言うこともできよう。同上論文、20-26、32-34頁。
23：以下を参照。植野妙実子『共生時代の憲法―女性の視点で読む』学陽書房(1993年)、植野妙実子『憲法の基本―人権、平和、男女』学陽書房(2000年)、後藤光男『共生社会の参政権―地球市民として生きる』成文堂(1999年)。

　この関連で佐々木寛は、東アジアの文脈での共生の多層的かつ段階的意味合いの重要性について議論している。彼の指摘するところによれば、conviviality が共生のより交流的な部分を重視するのに対して、symbiosis は共生のより距離感のある共存タイプを表している。東アジアの文脈においては、どちらの意味合いも同様に重要であろう。佐々木寛「危機から〈共生〉へ」佐々木寛編『東アジア共生の条件』世織書房(2006年)、3-26頁。
24：Johan Galtung, "Toward a grand theory of negative and positive peace: peace, security, and conviviality," in *A Grand Design for Peace and Reconciliation: Achieving Kyosei in East Asia*, eds. Yoichiro Murakami and Thomas Schoenbaum (Cheltenham, UK and Northampton, MA: Edward Elgar Publishing Company, 2008), p. 105. ヨハン・ガルトゥン

グ「消極的平和と積極的平和のグランドセオリーを求めて―平和・安全・共生／補論」村上陽一郎・千葉眞編『平和と和解のグランドデザイン―東アジアにおける共生を求めて』風行社(2009年)、191頁。[引用文の邦訳は筆者自身のものを使用した。]
25：Galtung, "Toward a grand theory of negative and positive peace," pp. 105-106. 邦訳書、191-192頁。
26：リチャード・フォーク「コメント」(国際基督教大学「平和研究セミナー」、2007年6月1日)。
27：Shin Chiba, "On Perspectives on Peace: The Hebraic Idea of Shalom and Prince Shotoku's Idea of *Wa*," *in Building New Pathways to Peace*, eds. Noriko Kawamura, Yoichiro Murakami, and Shin Chiba (Seattle and London: University of Washington Press, 2011), pp. 48-64.
28：Cf., Shin Chiba, "For realizing Wa and Kyosei in East Asia," in *A Grand Design for Peace and Reconciliation*, eds. Murakami and Schoenbaum, pp. 176-197. 村上陽一郎・千葉眞編『平和と和解のグランドデザイン』、289-317頁。
29：Cf., Thomas J. Schoenbaum, ed., *Peace in Northeast Asia: Resolving Japan's Territorial and Maritime Disputes with China, Korea and the Russian Federation* (Cheltenham, UK and Northampton, MA, USA: Edward Elgar, 2008), pp. 30-51, 83-104.
30：以下の諸著作を参照。豊下楢彦『「尖閣問題」とは何か』岩波現代文庫(2012年)。孫崎享『日本の国境問題』ちくま新書(2012年)。孫崎享編『検証 尖閣問題』岩波書店(2012年)。新崎盛暉ほか『「領土問題」の論じ方』岩波ブックレット No. 861(2013年)。
31：共同統治にはいくつかの歴史的事例がある。例えば、イギリスとフランスは1980年まで南太平洋のニューヘブリデーズ諸島を共同統治していた。現在のバヌアツ共和国が独立国家として成立した1980年の時点でこの共同統治は解消した。

> ### 「共生の作法」：寛容、会話、協働
>
> 　本節では「共生」の3モデルとして、「寛容モデル」、「会話モデル」、「協働（共通性）モデル」を取り上げました。この3モデルが国家間の問題である「国際共生」にきわめて重要であることは、言うまでありません。それと同時に、私たちの日常生活においてもこの3モデルは、隣人たち、同僚たち、見知らぬ人々、身近なあるいは異なった集団や組織とのよい関係を構築していくうえでつねに不可欠な「共生の作法」ではないでしょうか。
>
> 　「寛容」→「会話」→「協働」は、日常生活においても重要な社交ないし交流（sociabilité）の態度ではないでしょうか。おそらく私たちは、周囲の人々との最も建設的な関係ないし交流を打ち立てるために、そのつど判断しながら、「寛容」、「会話」、「協働」を使い分けながら生きているのではないでしょうか。
>
> 　こうして「共生」は、それなりの「作法」を身につけることを私たちに要請するものであるように思います。つまり、そのためには思慮や実践的な知恵（フロネーシス）が必要であり、心身に刻みつけ習慣化していく努力が要請されます。それが「心の習慣」（トクヴィル）となるということでしょう。その意味で「共生の作法」は、一箇の「愛（あるいは仁や恕、慈悲や共感）の作法」といえるかもしれません。その意味では各人が、自分なりに身につけていく課題ないし嗜みともいえるでしょう。

# 第2部

## 人権と国際共生

# 第3章

## 人権ギャップの維持／縮小の政治
――交差するラインを超えて

土佐　弘之

## 1　はじめに――人権ギャップの現実とその背景要因

　主権国家間の平和的共存だけではなく、人間一人一人が互いにトランスナショナルな相互依存関係を取り結ぶ中で個人的自由を実現できるような状況を、ここで言う国際共生と考える。かつて、イヴァン・イリイチ(Ivan Illich)は、技術を通じた全般的な学校化・病棟化・獄舎化といったテクノクラート的支配を批判しながら、「現代の科学技術が管理する人びとにではなく、政治的に相互に結びついた個人に仕えるような社会、それを私はコンヴィヴィアルであると呼びたい」と述べた[1]。テクノクラート的支配の中で喪失しつつある自由を奪い返すための概念として、コンヴィヴィアリティ(conviviality)という言葉をイリイチは提唱した。このように、共生を、支配されることに甘んじた消極的な共存ではなく、積極的な意味で「平等な自由(equaliberty)」[2]を目指して共に生きることと考えるのであれば、国際共生とは、そうしたコンヴィヴィアリティの概念をグローバルに拡大したものであろう。イリイチは、技術を介した支配の強化(人間をも道具とする支配)という近代のネガティブな側面に焦点を当てながら、そのオルタナティブとしてコンヴィヴィアリティという概念を提示したが、ポール・ギルロイ(Paul Gilroy)もまたレイシズム(カラー・ラインによって他者

を非人間化する思想・実践)を介した支配・抑圧という西洋近代のネガティブな側面に批判なメスを入れながら、それを乗り越えるものとしてコンヴィヴィアリティという概念を提唱している。多文化主義(multiculturalism)がレイシズムや排他的アイデンティティ・ポリティクスを実質的に内包したまま空洞化しつつある趨勢に対して、根源的で開放的な形での共存と相互作用を実現していくコンヴィヴィアルな文化を、ギルロイは対置している[3]。現状のネオリベラルな多文化主義に対する批判をこめて国際共生をポジティブな意味で使うのであれば、それはギルロイの言うようなコンヴィヴィアリティにより近いと言えよう。

　そうしたコンヴィヴィアリティを実現していくことを、国際共生という当為の方向性であると考えるとすると、それを阻む障害の存在の特定とその克服が当然重要な課題となる。コンヴィヴィアリティの実現を阻むものの一つは、排他的な集合アイデンティティをベースにした差別の政治であろう。コンヴィヴィアリティの対極の一つには、レイシズムつまり人種的ヒエラルキーの世界がある。「あいつら」は「おれたち」とは異なる人種であると考え、「あいつら」に同じ人権を与えないといったアパルトヘイト的政治体制、それを世界規模に拡大したグローバル・アパルトヘイト体制こそ、国際共生の対極にあろう。かなしいことだが、現実の世界は、国際共生よりもグローバル・アパルトヘイトに近いし、実際、国際政治経済の現状を現すものとしてグローバル・アパルトヘイトという表現を使う研究者も少なくない[4]。

　グローバル・アパルトヘイトと言った場合、アパルトヘイトの原意からして、それは当然、移動の自由などの人権の制限を含む制度的レイシズムがグローバルな広がりをもっているということを含意している。ただ、それは、レイシャル・プロファイリングによる入国拒否や予防拘禁などの公然的な形態をとる場合だけとは限らず、非公然の形態つまり構造的レイシズムをとる場合もあ

る[5]。たとえば、ポスト・アパルトヘイトの南アフリカ共和国の例が示すように、公然とした制度的レイシズムは廃絶されても、ネオ・リベラリズムによる社会分極化によって黒人と白人の間の社会経済的格差は縮まらず、ネオ・アパルトヘイト・レジームとも呼ばれる構造的レイシズムがむしろ強まっているという指摘もある[6]。付言すれば、現在のレイシズムの主流は、「科学的」レイシズムとも呼ばれた古典的レイシズムではなく、文化的差異などを基調とする「新しいレイシズム」[7]である。人種が科学的に立証できるという考え方は今日では、その信憑性をほぼ喪失しており、代わりに生物学的差異ではなく文化的差異に基づく新しいレイシズムが台頭してきていると言われる[8]。文化的レイシズムは、文化を本質主義化・自然化し固定的なものとして捉える傾向とともに、複数の文化間の関係を序列化した優劣関係として捉える排他的アイデンティティ・ポリティクスを基本とするところに特徴がある。しかし、差別の根拠を身体的差異(だけ)ではなく文化的差異に求めている点が違うだけで、優劣的な差異に基づく人権的差別(人権ギャップ)を正当化する点で両者の間にはそれほど大きな違いはなく、レイシズムとして連続したものとして捉えるのが適当であろう。また、特にエスノ・ナショナリズムを特徴とする国民国家の場合、その領域的主権国家の国境線(ボーダー・ライン)はカラー・ラインと互いに補強しあう点でも共通している。

　レイシズムと西洋近代との連関性ということで言えば、科学的レイシズムが近代植民地主義と深い繋がりをもっていた事実も忘れてはならないであろう[9]。近代植民地主義は、国際法を共通に持つ西洋という文明的国際社会とその埒外におかれた法外な野蛮という二分法に基づきながら、前者が後者を政治支配する形態であった訳だが、その区分において人種という概念が大きな役割を果たした。文明と野蛮といった優劣的二項図式に照らし合わせながら同じホモサピエンスを区分・分類していく「科学的」レイシズ

ムは、結果としてナチズムによるホロコーストを生み出すことになる。こうした流れについては既にアーレントが『全体主義の起源』で鋭く指摘していたことであるが、ここで重要な点は、レイシズムという思考形態は他者を非人間化(de-humanize)していきながら時には虐殺を可能とするということであろう。虐殺まで行かなくても、レイシズムは、国境を画定する主権国家体系や貧富の格差を拡大するネオリベラルなグローバル資本主義と絡みながらアパルトヘイト的な隔離によって人権ギャップを維持する装置として機能することになる。

レイシズムが人種という社会的に構築された概念による差別的実践だとすれば、それに対して真っ向から挑戦しているのが、いわゆる国際人権規範であろう。世界人権宣言1条「すべて人間は生まれながらにして自由であり、尊厳と権利において平等である」から始まる国際人権法体系、特に人種差別撤廃条約によって、アパルトヘイトを含むレイシズムは明確に禁止されている。しかし、たとえば南北の格差を見てみると、一人当たりGDP平均所得約10万ドルと約100ドルと千倍近くの差、また平均寿命だと80歳代と40歳代とライフ・チャンスにおいて二倍近い差があるという現実があり、しかも、南から北への人の移動は国境において厳しく制限され、それを無理に越えようとする者は「違法」移民として摘発され本国へと強制送還されることになる。これを強制送還レジームと呼ぶ研究者もいるが[10]、重要な点は、国際人権法体系の宣言的効果も及ばず、国境を画定する主権国家体系や貧富の格差を拡大するネオリベラルなグローバル資本主義との連係的効果によりアパルトヘイト的な隔離体制がグローバル・レベルで生み出されているということであろう。例えば破綻国家と呼ばれる国で生まれたことで、その人の人生の可能性が閉ざされるというのは、不条理としか言いようがない。そうした構造的なグローバル・アパルトヘイト体制の「現実」と国際人権規範の「レトリック」との

間のギャップの解消こそが、国際共生のために取り組まなければならない課題の一つであると言ってよいであろう。

## 2　ラインの〈此方／彼方〉：自由と奴隷、文明と野蛮

　人権ギャップの存在が国際政治経済構造の帰結としてあるのみではなく公然および非公然のレイシズムの帰結でもある点には注意が必要であろうが、問題は、その実態が平等であるかのようなレトリックによって覆われているということである。それは、レイシズムが実質的に機能している社会において、カラー・ブラインドの欺瞞的リベラリズムの立場に立って人種というものを否定するのと同じであろう。ノーベル文学賞を受賞した黒人女性作家のトニ・モリソン（Toni Morrison）が指摘しているように、「人種を無視するのは、優雅でさえと言えるリベラルな態度であり習慣だということになっているため、さらに複雑になっている。人種に注目すれば、すでに悪評高い差異を認めることになるからだ。沈黙したままむりやり目に入っていないことにしてしまえば、黒人総体を支配的な文化の共同体のなかへ影もなくひっそりと組み込むことができる。この論理によって、生まれのよい人の本能は、見ないことにしようと主張して、大人の議論を妨げる[11]」ことになる。つまり、人種性を否定することそれ自体が人種差別的行為ということになるし、奴隷制やレイシズムと市民の自由との共犯関係に目を逸らすことになるのである。モリソンが言うように、「自由の概念は、真空状態からは生まれてこないのだ。奴隷制ほど自由を際立たせるものはない。[12]」

　「二〇世紀の問題は、皮膚の色による境界線(カラー・ライン)の問題である」と言ったのは、デュボイス（DuBois）であるが[13]、グローバル・アパルトヘイト体制が言われる現在、二一世紀においてもなお、カラー・ラインの問題はなくなるどころか、新たな形で継続してい

ると言ってよいだろう。しかし、繰り返すが、カラー・ラインは、歴史的に、また社会的に構築されたものである。ラインが時々の政治的・社会的状況に応じて偶発的に決まるにせよ、そのラインの重要な機能は、自己と他者との間に、人間と非—人間、あるいは「権利を持っている者」と「権利を持っていない者」といった差別的区分を設けることである。例えば、アリストテレスの『政治学』の記述にその典型を見てとれるように[14]、奴隷制を正当化する自然奴隷説、つまり「権利を持っている者」と「権利を持っていない者」といった差別を正当化する議論には悠久の歴史がある。

だが、主権国家体系の形成と密接に連動しながら「主権者」と「主権を認められない者」といった分節化が行われるようになったのは、インディアス問題に端を発する近代植民地主義の文脈においてである。西洋において近代主権国家が形成されるに従って、近代的統治制度を整備していない社会を野蛮な社会とみなし、その社会を文明化するために植民地支配することが正当化され、さらには植民地における人間を理性・教育などが欠如した劣った人種とするレイシズムが動員されることになった。そうした文脈においては、先住民は土地に対する所有権を持っていない者とみなされ、つまり「新大陸」は無主の地とみなされ略奪の対象とされる一方で、「文明的な我々」と「野蛮な奴ら」といった分節化を前提に後者に対する暴力が容赦なく行使されることになった[15]。かつてカール・シュミット（Carl Schmitt）が喝破したように、「この「ライン」において、ヨーロッパは終り、「新世界」が始まる。ここにおいて、「ヨーロッパの公法」は止む」[16]という状況が、そこに立ち現れることになったのである。この「ライン」とは、南方においては赤道や北回帰線上の線、西方においては大西洋上でカナリア諸島あるいはアゾレス諸島を通って引かれた経度上の線、つまり一六、一七世紀のヨーロッパ公法秩序とその外を分かつ友誼線である。そのラインはラウム（地理的空間）を区切るものであるが、同時に、

人間を分かつカラー・ラインと複雑に絡み合いながら〈此方の文明／彼方の野蛮〉といった分節化を増殖していくことになる。そして、その究極の形態としてのナチズムがホロコーストを生み出したことは忘れてはならないだろう。

　加えて、近代資本主義を構成するプランテーション経済を下支えする労働力としての奴隷が大西洋を跨ぐ奴隷交易によって供給されたことで、カラー・ラインの問題が一層複雑に展開していったことも、西洋近代の重要な一側面を構成している。ギルロイの言い方をそのまま借りれば、「奴隷の経験の凝縮された強度とは、黒人たちを真に近代的な最初の人間集団として区分する何かなのだ、と。ヨーロッパの日常生活においては一九世紀になって初めて実質的なものとなったようなさまざまなディレンマや困難を、彼らは一世紀前に経験していたのだ[17]」。アメリカ合衆国における自由の理念と奴隷制との密接な関係もブラック・アトランティックという近代性に端を発していた訳だが、南北戦争後、奴隷が解放されたからと言って、カラー・ラインの問題が解消された訳ではないことは周知の通りである。さらに、植民地に形式的国家主権を認める、いわゆる脱植民地化が行われた後も、ポスト帝国内での人の移動(特に旧植民地から旧宗主国への移民)とそれに伴う異文化混淆の中で、多文化主義というレトリックと相反する形で、新たなカラー・ラインが生成され続けているといったこともある。ギルロイは、そうした状況をポストコロニアル・メランコリアと呼ぶ[18]。多文化主義という言葉は、あたかも複数の文化が対等な関係で横に配列されている印象を与えるが、ポストコロニアル・メランコリアの中では、帝国と同様に、複数の文化がニュー・レイシズムの文法に沿ってハイアラキカルに再配置されることになる。つまり、ニュー・レイシズムの実態を無視する多文化主義は、レイシズムが横行していることを見て見ないふりをするリベラリズムと同様に、レイシズムを覆い隠すレトリックの

役割を果たすことになり、ここでも、レトリックと現実の間には大きなギャップが生じることになる。コンヴィヴィアリティといった、平等の中で差異を生きるような多文化的共生は、そうしたギャップを埋めていくことで初めて可能となる。ギャップを克服していくためにも、歴史的に形成されてきたレイシズムとその実践が依然として様々な形で現代社会に暗い影を投げかけている現実を、我々はきちんと見つめ直す必要があろう。

## 3　交差するラインと文明的思考の陥穽

　レイシズムの思考は、人をいろいろと分類していくことから始まり、さらに分類されたものの間に優劣関係を見出しつつ、「真の人間」との優劣的差異に基づくハイアラーキーを構成していく。ここで注意すべきことは、そうしたバイアスのかかった人間中心主義による人の優劣的差異化は必ずしもカラー・ラインに沿ってなされる訳ではないということであろう。再び、アリストテレスであるが、彼は、次のように記している。「男性と女性との関係について見ると、前者は自然によって優れたもので、後者は劣ったものである。また前者は支配する者で、後者は支配される者である。[19]」こうしたジェンダー／セックス・ラインに沿ったセクシズムは、しばしばレイシズムと密接に連関し交錯しながら作動するものである。たとえば異人種間の性関係の禁止といった古典的レイシズムの現れに見られるように、レイシズムの空想は性関係の空想としばしばオーヴァーラップしながら補強しあう[20]。

　フランツ・ファノン（Franz Fanon）は、そうしたレイシズムとセクシズムとの密接な関係を鋭く指摘した者の一人であるが、彼は、次のように述べている。「総体的にとらえた人種差別ではなく、個々の意識によって実感された人種差別を精神分析学的に理解しようとするならば、性的現象を特に重視しなければならない。ユ

ダヤ人についてはひとは金銭とそれに類するものを連想する。ニグロについてはセックスを連想する。[21]」

なぜなのか。ファノンが与える回答は次の通りである。「およそ知識の増大は必然的に性的エネルギーの喪失を伴う。文明の進んだ白人は、性的放縦、ディオニュソス的饗宴、制裁を受けることのない強姦、禁圧されない近親相姦の途方もない時代に対する非合理的なノスタルジーを抱き続けている。ある意味では、これらの幻影はフロイト(Freud)の生の本能に対応する。ニグロのうちに己れの志向を投射して、白人は《あたかも》ニグロがそれらの志向を現実に持っているかのごとく行動するのだ。(中略)ニグロに対して病的恐怖を抱くことは生物的なものに恐怖を抱くということだ。というのは、ニグロは生物的なものにほかならないからだ。ニグロは獣なのだ。[22]」

フロイト的な見立てによれば、文明化とは、魂の特別な審級である超自我が外的な強制を自らの命令に転換し、これを引き受けていきながら、暴力衝動などを含めた欲望を抑制していくプロセスである訳だが[23]、エリアスらが描く見取図とは些か異なって[24]、そうした自己抑制を通した文明化は必ずしも円滑に定着化していくとは限らない。飼い慣らされていない自然が、つまり満たされない攻撃衝動が、迂回路を通って、文明にとっての敵である他者へと向けられることになる[25]。そうした文明にとっての他者イメージの一つが、性的自然を表象するニグロである。そこにおいて、まさにセクシズムとレイシズムが交差(intersect)することになる[26]。

文明化の発達段階において上位にあると自負する者、つまり自己抑制をより内面化している者は、文明的に下位にある者を、自然がコントロールできていない野蛮な者(ワイルド・マン)とみなす。しかし、野蛮な文化の中で人権侵害に苦しんでいる女性を、文明側が武力を以て救出するといった話のように、〈文明／野蛮〉

の二項対立に、〈男性／女性〉という二項図式が交差した時、状況は些かパラドキシカルな様相を見せることになる。なぜなら、文明を自負している側が、その文明的な使命の名の下に野蛮な他者に対して呵責なき暴力を振るうという野蛮な行為を見せるからである。2001年の9・11事件を受けて、アメリカ合衆国がアフガニスタンに対する戦争を開始した時、大統領夫人であったローラ・ブッシュ(Laura Bush)が「テロリズムとの戦いは、女性の権利と尊厳のための戦いでもある」と述べて戦争を正当化したのは[27]、そうした事例の一つと言ってよいであろう。

同様のものとしては、スピヴァク(Spivak)が「サバルタンは語ることができるか」の中で「茶色い男性たち(による抑圧)から茶色い女性たちを救い出す白人の男性たち」の例として挙げている、インドの寡婦殉死(サティ)をめぐる帝国主義的干渉が想起されよう[28]。サティとは、ヒンドゥー教徒の寡婦が死んだ夫の火葬用の薪の上で彼女自身の身を犠牲に供する儀式と言われていたもので、1829年にはイギリスの統治下で制定された法律によってサティの慣習は禁止廃絶された。そのサティをめぐる解釈でスピヴァクが問題としているのは、声なきサバルタン女性を代弁しているかのような帝国主義的干渉に見られる、女性を彼女自身と同人種の男性から保護すべき客体とみる認識的暴力である[29]。植民地支配者のまなざしは、インドの女性を植民地での善き社会の設立のためのシニフィアンとみなしながら、ヒンドゥー教の古典やヒンドゥー法の恣意的編纂などを通じて一つの均質的なインドを構築していく。そうした帝国主義的干渉は奇妙なことに、女性の「主体性」を強調するインドの土着主義者の主張、つまり「女性たちは実際に死ぬことを望んでいた」といった主張と対になる形で、「サバルタンの女性は語ることができない」状態を作り上げてしまっているのである。

こうした帝国主義的干渉における認識的暴力は、善意の介入は

犠牲者の声を領有しているだけではなく、「犠牲者を救うために野蛮と戦う文明」といったトリアーデを構成しつつ物理的暴力の行使をもたらす。文明的思考は、西洋中心の人間（フマニタス）中心主義に基づき[30]、「真の人間」と「野蛮な他者」との間にカラー・ラインを引きながら、その他者に対する植民地主義的暴力を行使するといったように、「もう一つの野蛮」を形成する。こうしたパラドキシカルな文明的思考の罠は、植民地主義全盛の19世紀の過去にとどまらず、ポスト・コロニアルな21世紀の現在も、例えば人道主義的干渉といった形で立ち現れている。先に挙げたアフガニスタン戦争を正当化するローラ・ブッシュの言説も、その一つだが、そうした文明的思考に基づく人道主義的干渉に見られる通時代的な問題は、ヒューマニティを構成していく過程において文明的優劣に沿った階層化・差別化を引き起こし、さらには「非人間的な（獣的な）悪」を表象する他者を産出・排除してしまうところにある[31]。特に人種、階級、ジェンダーといった複数のラインが交差しながら互いに再強化されている中では、非対称的な権力関係を前提にしたパターナリズムに基づく一方的干渉は、交差的抑圧または累積的抑圧をもたらすことになる[32]。たとえば、「茶色い女性たちを茶色い男性たちから救い出そうとする白人の男性たち」といった図式を前提にした干渉は、カラー・ラインの再画定やレイシズムの強化をもたらすことになるということである。

## 4　人権ギャップ縮減の政治：戦略的本質主義から戦略的普遍主義へ

　国境、人種、階級、ジェンダーなどの、さまざまなラインが交差しながら互いに相互補強的な関係にある状態においては、排他的なアイデンティティ・ポリティクスが極めて優勢な影響力をもっていると言ってよいであろう。そうした中では、善意による

干渉によって人権ギャップを埋めようとする試みさえも、それが文明的思考に基づく限り、逆にカラー・ラインを再生しレイシズムを強化し、新たな帝国を生成する危険性さえあることについては先に述べた通りである[33]。しかし、他者の苦しみに対する同情や共感が、必ずしも非対称的な帝国主義的干渉の形態をとるとは限らない。ラインによる差別に苦しめられている人々が、それぞれ互いに経験を共有しあうことを通じてラインをなくす方向で社会運動を展開していくという可能性も開かれている。たとえば、19世紀において奴隷制廃止運動とフェミニズム運動が共振しあうことがあったことを想起してみればよい。具体的には、アメリカのクェーカー教徒でフェミニスト運動家として有名なアンジェリーナ・グリムケ (Angelina Grimké) は1836年、友人にあてた「人権は性に基づくものではない」という書簡の中で、「奴隷の権利を調べることを通じて、私は自分達自身の権利についてより良く理解できるようになった」と書いているように[34]、カラー・ラインによる差別の実態を知ることが性による差別の実態に対する理解に影響を与え、結果として奴隷制廃止運動がフェミニズム運動を触発することになった。ギルロイも指摘しているように、他者の苦しみや声は確かに優越的立場にある者によって領有される危険性があるのも事実だが、他者の問題を自分たちの問題へと翻訳することを通じて他者の苦痛を知り学ぶことが自分たちの状況を批判的に把握し直す契機になる場合もあるということはおさえておく必要があるだろう[35]。

　人権ギャップによって苦しんでいる人々、つまり人為的に引かれたラインによって差別されている人々が直面している共通の問題は、ラインが自然なものとなっていき線を挟んだ互いの集団的アイデンティティが本質主義化していく過程で、その排他的アイデンティティ・ポリティクスにおいて自分達が劣位項または排除項に位置づけられ日常的にアンフェアに扱われるということであ

ろう。非対称的権力関係を媒介として差別が構造化している状況の中では、たとえば、カラー・ラインがないものとみなす、つまりレイシズムの前提である人種というカテゴリーが根拠のないものであるということを指摘することだけでは問題の解決策にはならないことは先に述べた通りである。そこで、マイナーなアイデンティティを抵抗の基盤として利用する戦略、スピヴァクらの言う「戦略的本質主義(strategic essentialism)」といった選択肢が出てくる[36]。それは、集団的アイデンティティの本質主義化は避けるべきとするものの、非対称的権力関係の実態を明らかにしながら状況を変えていくためには、例えば「ブラック・イズ・ビューティフル」といったように劣位項または排除項に位置づけられたマイノリティのアイデンティティを肯定的に転用していくことが必要といった考え方である。

しかし、主人と奴隷の関係を変えようとして、主人の作った人種的カテゴリーを肯定的に使い続ければ、その範疇に囚われた状況そのものは変わらず、人種主義という排他的アイデンティティ・ポリティクスの罠にはまったままということになってしまう。スピヴァクもまた、戦略はあくまで戦略であって理論ではないと述べた上で、戦略を本質主義化することの罠について警告を発しているが[37]、彼女が指摘しているもう一つ重要な点は、本質主義の危険性について知っていたとしても我々はアイデンティティなしには生きていけないということである。そうだとすれば、アイデンティティと本質とは別ものであるが、アイデンティティはしばしば本質主義化する危険性を有しており、我々は常にそのことに注意を払いつつアイデンティティを戦略的に使う必要があるということになる。しかし、戦略的本質主義だけでは、主人の作ったカテゴリーの枠(例えば〈白人／黒人〉など)そのものを超えていく筋道が見えてこない。

非対称的権力関係に支えられた構造的差別を克服していくため

には、それと闘っていくためのサバルタンの連帯を可能とする集合的アイデンティティが必要不可欠ではあるが、それがファシズム的な排他的アインデンティティ・ポリティクスに陥らないようにするには、アイデンティティの殻を破って開放的なものへとしていくための「戦略的普遍主義(strategic universalism)」が同時に必要とされる[38]。戦略的普遍主義という言葉はギルロイによるものであるが、その目指すところは、反人種主義的ヒューマニズム、彼の言う「地球的ヒューマニズム(planetary humanism)」である[39]。確かに、意味世界の中で生きている我々はアイデンティティなしで、つまり承認の政治を避けていくことはできないし[40]、共通性を見出せる仲間を単位とする集合的アイデンティティ、中でも苦しみを共有する集合的アイデンティティは大きな意味をもっており、それがゆえに、逆に、共有されえない他者、ましてや苦痛を与える敵との溝は一層深くなる。しかし、例えば先に挙げたグリムケの事例のように、さまざまな交差的抑圧の下での個別的な苦しみの経験の間に共約的なものを見出しながら、それを普遍的な理念へと翻訳していくということを通じて、サバルタンの戦略的本質主義は通文化的な人権規範の共有という形で戦略的普遍主義へと転化する可能性をもっていることを忘れてはならないであろう。差異の中で平等を生きる、または平等の中で差異を生きるコンヴィヴィアリティとは、まさにそうした戦略的本質主義から戦略的普遍主義へのプロセスを辿っていくことで生まれてくるものと言ってよいであろう。

## 5　むすび ─平等の中で差異を生きること

かつて西洋中心の人間中心主義(ヒューマニズム)はその文明的基準に依拠しながら人間のハイアラキカルな再配置を推し進めながら植民地主義や人種主義をもたらした。一方で、そうした人種主義に抗する個別

の闘いは、例えば南アフリカ共和国におけるアパルトヘイトという制度的レイシズムを廃絶へと追いやりながら、普遍的な国際人権法体系を形成していった。しかし、現在また、新しいレイシズムと呼ばれる妖怪が跋扈し始めており、また文明的思考に基づく認識的暴力も再び見え隠れしている。さらにはグローバル・アパルトヘイトと呼ばれるような状況が我々の前に依然として立ちはだかっている。アパルトヘイト体制がそうであったように、下からの突き上げ、外からの圧力、上からの改革イニシアティブといったものがなければ、グローバル・アパルトヘイト体制も維持され続けるであろう。その意味でも、新たに立ち現れてきているカラー・ラインを無効化していく努力が必要となってくる。人為的に引かれたラインの実効性を喪失させていく過程は、戦略的本質主義から戦略的普遍主義へのプロセス、つまり権力の非対称性を是正しつつ互いの多様性を認め合うコンヴィヴィアルな文化を実現してプロセスであろう[41]。

しかしコンヴィヴィアリティという状況までの道程は果てしなく長い。理念的には理解できることが、実際にできるかとなると話は別になろう。人間主義という名の教説が過去数世紀しばしば陥った罠(自民族中心主義、科学主義など倒錯した普遍主義)を踏まえた上で「批判的ヒューマニズム」という方向性を模索しているツヴェタン・トドロフ(Tzvetan Todorov)は[42]、次のようにも述べている。「私たちは同一性を受け入れるように強制したりしない平等を欲する。私たちはまた優越性／劣等性に堕することのない差異を欲する。(中略)平等のなかで差異を生きること——いうは易し、おこなうは難し。[43]」しかし、行うのが難しいからと言って、理念を捨て権威主義的非合理主義(反知性主義)に身を委ねることは、グローバル・アパルトヘイトの維持、最悪はファシズム的な排他的アインデンティティ・ポリティクスの招来を意味する[44]。そうした状況を避けるためにも、「未完の菜園(le jardin imparfait)」であ

ること、つまり現実が理想に追いつかないことを嘆き理想を断念するのではなく、菜園に手を入れ続け現実を理想に近づけることが大切になる[45]。つまりグローバル・アパルトヘイトという状況を変えていくためには、戦略的本質主義と戦略的普遍主義の二重戦略を通じて国際共生というコンヴィヴィアリティを実現していく可能性に対する希望を失わないことが必要不可欠ということになろう。

### ［註と引用参考文献］

1：イヴァン・イリイチ(渡辺京二・渡辺梨佐訳)『コンヴィヴィアリティのための道具』岩波書店(1989年)、XV頁。
2：平等な自由(equaliberty)の概念はバリバールによって提示されているもの。Étienne Balibar and James Swenson, "Is a Philosophy of Human Rights Possible? New Reflections on Equaliberty," *The South Atlantic Quarterly*, Vol.103, No.2/3 (2004), pp.311-322.
3：Paul Gilroy, *After Empire: Melancholia or Convivial Culture*, Routledge(2004),p. x ⅰ.
4：Gernot Köhler, "Global Apartheid," *Alternatives*, Vol.4, No.2 (October 1978), pp.263-275；Gernot Köhler, "The Three Meanings of Global Apartheid," *Alternatives*, Vol.20, No.3 (July-Sept. 1995), pp.403-413; Anthony H. Richmond, *Global Apartheid: Refugees, Racism, and the New World Order*, Oxford University Press(1994); Titus Alexander, *Unravelling Global Apartheid: An Overview of World Politics*, Polity Press(1996).
5：Ali Mazrui, "Global Apartheid: Structural and Overt," *Alternatives*, Vol.19,No.2 (Spring 1994), pp.185-187.
6：Gillian Hart, *Disabling Globalization: Places of Power in Post-Apartheid Africa*, University of Natal Press (2002).
7：Norma Romm, *New Racism: Revisiting Researcher Accountabilities*, Springer (2010), pp.49-93.
8：ミシェル・ヴィヴィオルカ(森智香子訳)『レイシズムの変貌』明石書店(2007年)、32-47頁。
9：酒井直樹「レイシズム・スタディーズへの視座」鵜飼哲・酒井直樹・テッ

サ・モーリス＝スズキ・李孝徳『レイシズム・スタディーズ序説』以文社(2012年)、42-43頁。
10：Nicholas De Genova and Nathalie Peuts eds. *The Deportation Regime: Sovereignty, Space and the Freedom of Movement*, Duke University Press (2010).
11：トニ・モリソン(大社淑子訳)『白さと想像力　アメリカ文学の黒人像』朝日新聞社(1994年)、30頁。
12：モリソン、同上書、68頁。
13：W.E.B.デュボイス(木島始・鮫島重俊・黄寅秀訳)『黒人のたましい』岩波文庫(1992年)、30頁。
14：たとえば、次のような記述を見よ。「他の人々に比べて、肉体が魂に、また動物が人間に劣るのと同じほど劣る人々は誰でも皆自然によって奴隷であって、その人々にとっては、(略)支配されることの方が善いことなら、そのような支配を受けることの方が善いことなのである。」アリストテレス(山本光雄訳)『政治学』岩波文庫(1961年)、42頁。
15：この論法の延長上において、「野蛮な戦争(savage war)」や「小さな戦争(small war)」と呼ばれる先住民などに対する暴力行使が行われることになる。拙著『アナーキカル・ガヴァナンス』御茶の水書房(2007年)、39-63頁。
16：カール・シュミット(新田邦夫訳)『大地のノモス　ヨーロッパ公法という国際法における』慈学社(2007年)、88頁。
17：ポール・ギルロイ(上野俊也・毛利嘉隆・鈴木慎一郎訳)『ブラック・アトランティック―近代性と二重意識―』月曜社(2006年)、429頁。
18：Paul Gilroy, *Postcolonial Melancholia*, Columbia University Press (2005), passim.
19：アリストテレス「前掲書」注(14)、42頁。
20：酒井「前掲書」注(9)、66頁。具体的な歴史研究については、次を参照。アン・ローラ・ストーラー(永渕康之他訳)『肉体の知識と帝国の権力　人種と植民地支配における親密なるもの』以文社(2010年)。
21：フランツ・ファノン(海老坂武・加藤晴久訳)『黒い皮膚・白い仮面』みすず書房(1998年)、181頁。
22：同上書、183頁。
23：フロイト(中山元訳)『幻想の未来／文化への不満』光文社(2007年)、23-31頁。
24：ノルベルト・エリアス(波田節夫ほか訳)『文明化の過程(下)社会の

変遷／文明化の理論のための見取図』法政大学出版局(1978年)。
25：フロイト「前掲書」注(23)、228頁。
26：ジェンダー、人種などの交差性(intersectionality)については、例えば、次を参照。Helma Lutz, Maria Teresa Herrera Vivar and Linda Supik eds. *Framing Intersectionality: Debates on a Multi-Facedeted Concept in Gender Studies*, Ashgate (2010).
27：James Gerstenzang and Lisa Getter, "Laura Bush Addresses State of Afghan Women," *Los Angels Times*, November 18, 2001.
28：ガヤトリ・C・スピヴァク(上村忠男訳)『サバルタンは語ることができるか』みすず書房(1998年)、81-82頁。
29：同上書、86頁。
30：西谷修「ヨーロッパ的〈人間〉と〈人類〉―アンスロポスとフマニタス―」樺山紘一ほか編『20世紀の定義[4] 越境と難民の世紀』岩波書店(2001)、35-48頁。
31：Michel Barnett, *Empire of Humanity: A History of Humanitarianism*, Cornell University Press (2011), p.37.
32：交差的抑圧または累積的抑圧については、次の拙稿を参照。土佐弘之「比較するまなざしと交差性」日本比較政治学会編『日本比較政治学会年報』13号(2011年)、33-72頁。
33：端的に言えば、人権ディスコースの実際の運用と権力関係とのつながりを注視すべきということになろうが、人権と新たな帝国的状況との関係については、例えば、次を参照。Costas Douzinas, *Human Rights and Empire: The Political Philosophy of Cosmopolitanism*, Routldge-Cavandish (2007).
34：Angelina Grimké, "Human Rights Not Founded on Sex (1837)," <http://web.utk.edu/~mfitzge1/docs/374/HRNF1837.pdf>
35：Paul Gilroy, *Darker than Blue: On the Moral Economies of Black Atlantic Culture*, Harvard University Press (2010), p.65.
36：Gayatri Chakravorty Spivak, *In Other Words: Essays in Cultural Politics*, Routlegde(1987), p.205.
37：Gayatri Chakravorty Spivak, *Outside in the Teaching Machine*, Routledge(1993), pp.3-5.
38：Paul Gilroy, *Against Race: Imagining Political Culture Beyond the Color Line*, Harvard University Press (2000), p.230.
39：Gilroy, Postcolonial Melancholia–, 注(18), pp.79-80.

40：Charles Taylor, "The Politics of Recognition," in *Multiculturalism*, edited by Amy Gutmann. Princeton University Press (1994), pp.25-74; Kwame Anthony Appiah, *The Ethics of Identity*, Princeton University Press (2005), pp. 62-113.
41：Gilroy, *Postcolonial Melancholia*–, 注(18), pp.139-151;
42：ツヴェタン・トドロフ(小野潮・江口修訳)『われわれと他者　フランス思想における他者像』法政大学出版局(2001年)、610頁。
43：ツヴェタン・トドロフ(及川馥・大谷尚文・菊地良夫訳)『他者の記号学　アメリカ大陸の征服』法政大学出版局(1986年)、345-346頁。
44：Gilroy, *Against Race*, 注(38), p.163.
45：ツヴェタン・トドロフ(内藤雅文訳)『未完の菜園』法政大学出版局(2011年)、263頁および368頁。トドロフは、「未完の菜園」をモンテーニュ以来の未完成のヒューマニズムを指すものとして使っているが、その言葉自体は、モンテーニュの『随想録』の中の次の一節(第一巻二〇章)から借りてきている。「死が、わたしがそれに無頓着で、いわんやわたしの菜園の未完成であることなどには無頓着で、ただせっせと白菜を植えている真最中に、到来することをのぞむ。」。

### もう一つの交差するライン：ヴェール論争

　交差的抑圧の代表的事例の一つにヴェール問題があり、実際、この問題は、ヨーロッパにおいては、文明間の衝突・摩擦を表象するものになりつつある。例えば、フランスにおいては、当時のサルコジ大統領の主導の下、2010年には、公的な場所において顔を覆うようなヴェール（ブルカやニカブ等）を着用することを禁ずる法律が制定された。この法律によって、ニカブ等を着用していた者には150ユーロ以下の罰金刑、そして女性にニカブの着用を強要した者には3万ユーロ以下の罰金刑と1年以下の禁固刑が科せられることになった。2011年9月には、実際に、この法律に基づき、二人のムスリム女性が初めて逮捕され、それぞれに対して120ユーロと80ユーロの罰金刑が言い渡された。この問題は、フランス国内におけるムスリム社会からの反対運動だけではなく、パキスタンなどでの抗議運動を引き起こした。加えて、アムネスティ・インターナショナルなどの人権NGOもまた、この法律は表現の自由に反するものであるとして批判をした。その一方で、ムスリム社会の中でも、ヴェールは、コーランに明記された教えやシャーリアに基づくものではなく、ブルカを禁じることは問題ではないという意見もあることにも留意した方が良いであろうが、ヨーロッパで増えていくムスリムに対する脅威観がイスラモフォビアへと転化していく過程で、ヴェールがフランス共和国の柱の一つであるライシテ（政教分離）を脅かすものとしてはめ込まれていったという流れがあることを見落とすべきではないであろう。ここにおいても、「茶色い男性たち（の抑圧）から茶色い女性たちを救い出す男性」という、スピヴァクの指摘した帝国主義的干渉の図式が見てとれる。こうした問題を乗り越えていくことも、国際共生への道程の大切な一歩であろう。

# 第4章

## 公正なグローバル秩序のための人権の潜在力

川村　暁雄

## 1　はじめに－人権の社会的機能と国際共生

　そもそも、国際共生とはどのような状況なのか。なぜそれが必要なのだろうか。本節では、まず、そのあたりから考え、次に人権がそのためにどのような役割を果たし得るのかについて検討していきたい。

　共生という言葉からイメージされる内容はさまざまだろう。家族のように親密な関係もありえるだろうし、損得を考えながらお互いの利益になる関係をイメージする場合もあるかもしれない。なんにしても、ある程度の相互関係の調整を必要とする関係で、しかも相互に傷つけない関係が想定できよう。さらに、国際共生という言葉からは、国家間の関係を考える場合もあるだろうし、国家だけではなく国境を越えた集団間の関係をイメージする場合もあるだろう。明確な定義はない概念であるため、どのような選択もありえるが、本章においては国家だけではなく国境を越えた集団間の関係も含めることとしたい。「生」を持つ存在はあくまで人間であり、国家ではない。国際共生という概念に意味があるとすれば、それが人間の生を視野に置くからという考えからである。

　さて、私たちが国際共生について考えなくてはならないのは、国境を越えた関係において、相互に傷つけない関係がまだ生まれ

ていないからである。問題をややこしくするのは、こうした関係は必ずしも悪意に基づいて生まれているわけではないという点にある。例えば、私たちが愛の証しに購入するダイヤモンドですら、他人を傷つけるかもしれない。紛争地において掘り出され、販売され、武装勢力の武器の購入資金になる「紛争ダイヤモンド」である可能性があるからだ。私たちが購入するチョコレートは、アフリカの児童労働により生み出されているかもしれない。本来は学校に行くべき年齢の子どもたちが、カカオの木に登り、危険なナタをふるって実を落とした結果かもしれないのである。いまや私たちの生活に不可欠なものとなっている携帯電話にはさまざまなレアメタルが使われているが、その中にはダイヤモンドと同じく紛争地で産出され、軍事組織の資金源となるものもある。たまたまこうした問題に気がついた人は、児童労働のない農園で製造されたカカオを原料としたフェアトレードのチョコレートを購入することで、少し良心の負担を軽くすることができるかもしれない。また、ダイヤモンドの場合は、紛争ダイヤモンドではないことを証明する認証の仕組み（キンバリープロセス）が、国際的な人権団体などの働きかけでつくられており、認証を受けた製品を購入するという手もある。といっても、フェアトレードにしろ、認証制度にしろ、一部の「よい製品」を生み出しそれを購入する人の良心の呵責を軽減するだけで、問題自体を無くすことができるわけではない。さらに、携帯電話の部品に使われているタンタルなどのレアメタルとなれば、一般消費者にはその存在を認識すること自体が難しく、消費者の意思に頼る方法では問題の解決はさらに難しくなる。つまるところ、それぞれの国の中で人権が守られる状態をつくらなければ、相互に傷つけ合う関係から脱することは困難であろう。

　実は、このように「意識しなくとも相互に影響を与えあう」という関係は、国内でも当たり前に存在している。私たちが何かを購

入するとき、その行為は購入先の企業や労働者に影響を与えているかもしれない。あるいは、誰かに投票するとき（あるいはしないとき）に、その行為が予想もしない結果を生み出しているかもしれない。このように一人一人が必ずしも意識せずとも、市場経済や政治、情報を通じて深く広く影響し合うというのが現代社会の大きな特徴である。

　ただ、国内の場合は、こうした行為が他者をあまりにも深く傷つけないように抑制する仕組みもある。例えば、労働者にひどい待遇を行うような企業は、労働基準監督署により指導を受ける。労働者自身が社会や裁判所に訴えて改善を求めることもできる。こうした抑制の仕組みがそれなりに機能しているかぎりにおいて、私たちは日々の活動の中で一つ一つの行為の影響を考えずに生きていていくことができる。

　このように社会が脱線してしまわないようにするためのメカニズムの根幹にあるのが、人権である。人権は、「人間は等しく尊厳を持ち、自己決定をできる自由な存在である」という理念に基づき、法的な形式で組み立てられた概念であり、主として次の二つの働きを持つ。第一は、社会の中で何が重要かを確認し、相互の行動の基盤とすることである。社会規範に働きかける作用、と言い換えることもできる。人権だけではなく法律すべてにあてはまることだが、形式的には私たちの属する社会の合意となることが期待されている。何かが法律により確認されれば、それは一応社会全体にとって重要なものとされる。とりわけ、人権の一部とされた権利は、道義的にも重要なものとされ、そこからの逸脱は悪いこととされるようになる。例えば、かつては「夫婦ケンカは犬も食わない」などと言われ、家庭で夫が暴力をふるうようなケースも見過ごされがちであったが、現在はそうはいかない。「配偶者からの暴力の防止及び被害者の保護に関する法律（通称DV防止法、2001年10月施行）」に基づいて、行ってはならない悪いことである

と明確に規定されているからだ。職場における性的な冗談も、昔ならば見過ごされていたものが、雇用機会均等法の改正によりセクシャルハラスメントとして位置づけられ、禁止されるようになった。このように法的に「悪いこと」とされると、報道のあり方や教育の内容にも影響を与え、社会規範と人の行動を変えていく。

　第二は、権力関係の中で弱い立場に置かれ、虐げられた人が自らを守るために使うことができる実効性のあるツールとなることである。人権は、社会規範に留まらず、救済制度で保障される場合も多い。具体的には、裁判や行政機関を用いて、その保障を求めることができる。経営者は、労働者に対して強い立場にあるが、労働法規により保証された労働者の権利を侵害すると、裁判所や労働基準監督署によりペナルティを受ける可能性がある。

　複雑で大規模な相互関係によってなりたっている現代の社会においては、人間は関係ある他者すべてに関心を持ち続けることは、不可能である。だからこそ、私たちは人権という仕組みを必要としてきた。人間の尊厳を守るために必要な最低限の条件を、権利という形で規定し、社会規範に影響を与え、制度的に保障する。人権に基づく制度がこうした役割を果たしているために、複雑な社会においても私たちはそれほど良心の呵責を感じずに大半の時間を合理的利己主義に基づいて生きていくことができる。新たな社会問題が発生するごとに、人権を守るための制度をつくり出していくことで、日常生活の中で忘れ去られてしまいがちな問題を解決・予防することができるようにもなる。実際、2000年に入ってからも日本では表1にあるように多くの人権保障に関連する法律が作られ、これまでは黙認され、慣習上やむを得ないことと思われていたことが、「悪いこと」とされ、監視や救済の対象になってきた。

表4-1 2000年代に日本で制定された人権に関連ある法律

| 法律の名称 | 施行年 |
|---|---|
| 人権教育および人権啓発の推進に関する法律 | 2000年 |
| 児童虐待防止法 | 2000年 |
| 配偶者からの暴力の防止及び被害者の保護に関する法律 | 2001年 |
| 発達障害者支援法 | 2004年 |
| 高齢者虐待防止法 | 2006年 |
| アイヌ文化の振興並びにアイヌの伝統などに関する知識の普及・啓発に関する法律 | 2006年 |
| バリアフリー新法 | 2006年 |
| 障害者虐待防止法 | 2011年 |

 だが、本章で考えなくてはならないのは、国際共生である。国際社会においては、国内と同様の正統性・代表性を持つ立法機関はなく、国内の裁判所と同様の実効性を持つ機関もない。こうした状況の中で、人権にはどのような可能性があるのだろうか。国内と同様に、共生の社会的・制度的基盤となり得るのか。また、文化の異なる国では、人権は受け入れられないという考え方もあるが実際はどうなのか。以下の節では、こうしたことについて考えていきたい。

## 2 人権の受容はどのように進むのか

### (1) 人権概念は欧米的？
 国際社会には、世界議会も世界裁判所もない。このため、それぞれの国の中で人権を守る制度をまずはつくらなくてはならないということになる。だが、人権概念は、本当に国境を越えて受け入れられるのだろうか。そもそも、欧米のキリスト教的な価値観に基づき生まれたとされる概念である。1993年に国連世界人権会議が開催されたときにも、アジアには独自の価値観があり、欧米

的な人権概念はなじまないという主張が一部の政治的指導者や知識人によりなされている。確かに、人権概念は西洋近代とともに生み出されてきた。王権神授説に対し、「人間はすべて等しく神の僕である」とするロックら近代の政治思想家らの人権に関わる主張が支持を得て、身分制から人々を解放する枠組みの基盤となってきたという経緯がある。では、本当に、人権概念は欧米のキリスト教に根ざしたものであり、他の社会には適用できないのだろうか。もしこうした考えが正しければ、人権ではなく、他の手段を探す必要があることになる。だが、筆者は必ずしもこうした立場はとらない。理由は次の通りである。

　第一に、西欧を直接の起源とする思想・制度は、人権だけではないが、その中には既に受容されている概念も少なくないという事実がある。欧米で生まれ、現代の国家の基本となっている考えは、三権分立、民主主義、法の支配、市場経済に始まり、領域国家の概念まで含む。「欧米を起源とするものは他の社会に受け入れられない」のであるならば、現代の国家の存在を説明することはできない。すなわち、ある概念が受け入れられるかどうかは、それが他の社会に由来しているかどうかという単純な発想では説明できない。

　第二に、人権基準をキリスト教に基づいて正当化するという言説は、人権確立の長い歴史の中で、常に見られたわけではないという点である。ある社会で変革を起こす際に、その時期に支配的な概念枠組みを引用しつつ、自分たちの主張を通すのは自然な戦術であり、社会状況が変われば当然主張の仕方も変わる。たとえば、日本で児童虐待防止法が生まれ、子どもの権利を守る措置がとられるようになったこととキリスト教とは直接の関係はない[1]。

（2）闘争、秩序と人権
　だが、現実に人権概念や制度がすべての国で受け入れられてい

るわけではない。日本でも他の先進国では作られている国内人権機関(人権問題の救済にあたる独立行政機関)の設置が遅々として進まないことにみられるように、人権に対する政治家の反発や、それを支える市民の声はある。こうした人権への疑念や反発はどこから来るのだろうか。このことを考えるためには、人権が「秩序」と「闘争」の二つと深く関わるものであるという点を理解する必要がある。

そもそも、人権は単一の権利ではなく、個別の権利の集合体である。その内容としては、自由権と呼ばれる「移動の自由」「奴隷とならない権利」「表現の自由」「結社の自由」などと、社会権と呼ばれる「労働者の権利」「教育への権利」などがある。これらは、人間の尊厳を守るために必要なさまざまな社会的、制度的条件を権利として表現したもので、歴史の過程でのなかでそれぞれの社会の中で、さらには国際的な場で議論・確認されてきた。今、日本の憲法で人権として確認されている諸権利も、歴史的に見たときに特定の時期にすべてが同時に生まれたわけではない。憲法で確認されている人権以外にも、世界で人権と見なされているものはある。たとえば世界の多くの国で、死刑に処されない権利は人間の存在の基本に関わるものとして認められているが、日本や中国、米国では人権とは見なされていない。逆に言えば、何かが人権となるかどうかは、社会的なプロセスの中で時間をかけて決定されていくものである。

このプロセスの中で、ある時期に社会の中でまだ制度化されていない人権の候補については、尊厳を奪われていると感じた人が「権利確立の要求」する形で語られることになる。権利が確立するということは、権利を保障する義務を持つものが誰で、どんな義務を持つのかを確認するということでもある。通常、義務を持つことになるのは、その社会で権力を持っている側であり、彼らは、ある権利が人権とされれば、自分たちの権限が制限され、責任が

増えることになる。たとえば、児童虐待防止法は、子どもが虐待から守られる権利を確認しており、国家の子どもの安全保護の義務がさらに強化され、教師や医者などにも新たに通報する義務が課せられることになった。親の権限は逆に制限されることになる。このように、ある権利が人権と見なされることにより、これまでの力関係は変わる。力を持っている側には都合がよくない場合も多い。このため、人権確立の要求に対しては、さまざまな既得権益者が多様な「理由」を持ち出し、反論をすることになる。

　中でももっとも都合がよい反論は「文化」や「伝統」にのっとったものであろう。文化にしても、伝統にしてもある社会で既得権益を持つものの立場を保護しがちな概念であり、しかも定義があいまいな概念だからだ。とりわけ「昔から続いてきた何か」を指す「伝統」という概念は、ある社会の中で昔から権威をもっていた人がその定義を恣意的に行いやすく、使い勝手がよい。伝統や文化を理由に何かを語る人については、まず本当の意図は何かについて検証をしっかり行う必要があるだろう。

　なお、いったん確立された権利は、制度的に保障されることになる。何が正しいかという基準が社会的・制度的に確立すれば、そこからの逸脱に対しては行政組織や司法組織を用いて粛々と解決していくことができるので、むしろ社会秩序にとって好ましい。このため、法の支配や行政の最低限の機能が保障されている社会では、人権がいったん確立した場合、闘争につながりかねない不平等、排除、差別などを事前に取り除き、あった場合も秩序を維持したまま解決できる。この結果、社会の安定化にも貢献する。このように、人権は既存の力関係を変える闘争としての側面と、社会的合意に基づき平和的に問題を解決するための秩序の基盤という側面と両方をもっている。つまり人権確立の要求→社会的承認→制度形成というプロセスが進めば、社会の中で人権を軸とした社会秩序の形成が進むことになるが、その過程ではしばしば対

立や闘争が生じるのである。

## (3) 現代国家における人権の外発性と正統性

フランス、イギリス、アメリカなどの欧米のいくつかの国は、たまたま人権概念を生み出してきたという歴史を持つ。こうした歴史過程を経た例外的な国においては、「人権確立の要求を自ら承認してきた」という国家形成の物語があり、それを市民が共有する歴史教育の過程で、人権概念への正統性も生み出すことができる。だが、こうした国は少数であり、世界の大半の国にとって、人権概念は外部から導入されたものである。とりわけ第二次大戦後生まれた現代の国家にとって、人権基準は国際社会から輸入されたものと理解されやすい。実際に、国連を中心とする国際的な交渉の場で、多くの人権条約が作られ、それを締約することにより人権基準の受入が進んできたという過程がある。

このように国連が人権について大きな役割を果たすようになったのは、ナチスドイツなど、人権を否定する国が結局のところ平和も破壊したという第二次世界大戦の経験だった。これを踏まえて、戦後設立された国連は「人権尊重の助長・奨励についての国際協力」をその任務の一つとすることになる（国際連合憲章第1条）。さらに、人権について議論を行う国連人権委員会が経済社会理事会の下につくられた（2006年より国際連合人権理事会に改組）。こうした場を中心に、国際的な人権条約が採択されていくことになる。

一つ一つの人権条約が採択される過程では、国家代表が議論を積みかさねており、一応、「世界的な議論」を経てきたものとされる。また、個々の人権条約の背景にはそのような権利を必要とする具体的な人々の苦しみも存在している。例えば、障害者権利条約が国連で作られたのは、多くの社会で、障害者が差別や無視の結果、尊厳を持って生きることが難しかったからだ。といっても、個々の条約の一つ一つの条文の裏にある人々の苦痛が、それぞれ

の国の中で広く認識され、共感を得ているとは限らない。国連の専門的な場で外国語を用いて議論される条約案は、国会で行われる議論よりも見えにくく、マスコミに取り上げられることも少ないからである。議論の国内での共有がなければ、多くの市民・政治家にとっては、人権基準は外からいきなりふってきたものとして理解される危険がある。

　さらに、国際社会において人権が用いられる手法も、問題を生み出す。法の支配の存在する国の中では、法的に確立した人権については、裁判所等を通じて実施の担保ができる。透明性と予測可能性をもち、すべての人を対象に適用される法は、ある程度の公正さを実現できる。ところが、国際社会においては、人権侵害について裁定する権威ある機関はない。この結果、人権についての議論は政治的になりがちである。冷戦下では、同盟国の人権状況についてはあまり言及せずに、対立国の人権状況を批判するなどの状況が生まれた。本来は、普遍的な基準として扱われるべき人権なのだが、法の支配が弱く、三権分立も存在していない国際社会においては、人権は政治的に実施される。このような人権(や法)を公正・客観的に実施する機関の欠如が人権への信頼を奪うことになっている。

　といっても、実際に人権条約の批准は進んできている。さらに、欧州人権委員会・人権裁判所のように、地域的な人権機関が拘束力を持つ決定を下すことができる地域も生まれつつある。個々の国の中では前進・後退を繰り返す人権の受容・制度化だが、世界全体の傾向を見れば、その受容は進んでいるとみることができる。このプロセスは、どのような状況で起きてきたのだろうか。次節では、アジアを事例に人権受容のプロセスを検証しよう。

## 3　国際共生と人権の受容：アジアの例から

### (1) 東アジア・東南アジアにおける人権受容

アジアでは、とりわけ1993年に国連世界人権会議が開催された前後、いわゆる「アジア的価値論」がいくつかの国の代表やリー・クアンユーやマハティールなどの著名な政治家により主張された。彼らの主張は簡単にまとめると、①米国等先進国の人権適用における選択性・二重基準への批判、②経済的・社会的権利の重視、③開発の主体としての国家の重視があった[2]。人権概念それ自体についてではなく、その選択的・政治的な運用への正当な批判である①はともかく、②については、世界人権会議の宣言の中で自由権と社会権を含めたあらゆる人権の相互依存性が確認されることにより、対立軸とはなりにくくなっていく。その後、1990年代後半から国連諸機関やヨーロッパの国々が国際協力において「人権に基づく開発アプローチ（Human Rights-based Approach to Development）」を採用し、社会権への注目を高める中で、この傾向はますます深まっている[3]。もともと、この議論が必ずしもすべてのアジア地域の国で共有されていたわけでもないうえ、1998年にはアジア的価値の唱道者であったインドネシアのスハルト政権が崩壊した。こうした中で、アジア地域でも主要な国際人権条約の締約も進みつつあり（表4-2「東アジア・東南アジア地域の主要人権条約締約状況」参照）、アジア的価値論の影響力は次第に弱まっている。さらに、多くの国で人権を専門に扱う独立行政機関である国内人権機関が設置され、国内で人権についての課題を社会的な議題とすることにより、人権への関心や理解を深める役割を果たしている（表4-3）。

表4-2 東アジア・東南アジア地域の主要人権条約締約状況（締約年）*

| | 経済的、社会的及び文化的権利に関する国際規約(ICESCR) | 市民的及び政治的権利に関する国際規約(ICCPR) | あらゆる形態の人種差別の撤廃に関する国際条約(CERD) | 女子に対するあらゆる形態の差別の撤廃に関する条約(CEDAW) | 拷問及び他の残虐な、非人道的な又は品位を傷つける取扱い又は刑罰に関する条約(CAT) | 児童の権利に関する条約(CRC) | 障害者の権利に関する条約(CRD) |
|---|---|---|---|---|---|---|---|
| 東アジア | | | | | | | |
| 中国 | 2001 | | 1981 | 1980 | 1988 | 1992 | 2008 |
| 北朝鮮 | 1981 | 1981 | | 2001 | | 1990 | |
| 日本 | 1979 | 1979 | 1995 | 1985 | 1999 | 1994 | |
| モンゴル | 1974 | 1974 | 1969 | 1981 | 2002 | 1990 | 2009 |
| 韓国 | 1990 | 1990 | 1978 | 1984 | 1995 | 1991 | 2008 |
| 東南アジア | | | | | | | |
| ブルネイ | | | | 2006 | | 1995 | |
| カンボジア | 1992 | 1992 | 1983 | 1992 | 1992 | 1992 | 2012 |
| インドネシア | 2006 | 2006 | 1999 | 1984 | 1998 | 1990 | 2011 |
| ラオス | 2007 | 2009 | 1974 | 1981 | 2012 | 1991 | 2009 |
| マレーシア | | | | 1995 | | 1995 | 2010 |
| ミャンマー | | | | 1997 | | 1991 | 2011 |
| フィリピン | 1974 | 1986 | 1967 | 1981 | 1986 | 1990 | 2008 |
| シンガポール | | | | 1995 | | 1995 | |
| タイ | 1999 | 1996 | 2003 | 1985 | 2007 | 1992 | 2008 |
| 東ティモール | 2003 | 2003 | 2003 | 2003 | 2003 | 2003 | |
| ベトナム | 1982 | 1982 | 1982 | 1982 | | 1990 | |

*2013年4月段階

出典：国連人権高等弁務官ウェブサイトより筆者作成

表4-3 アジア太平洋国内人権機関フォーラムに正会員として加盟している国内人権機関

| 国名 | 機関名称 | 設立年（フォーラム参加年） |
|---|---|---|
| アジア太平洋地域 | | |
| アフガニスタン | 独立人権委員会 | (2004年) |
| オーストラリア | 人権および機会均等委員会 | 1986年* |
| インドネシア | 国家人権委員会 | 1993年 |
| インド | 連邦人権委員会 | 1993年 |
| マレーシア | 国家人権委員会 | 2000年 |
| モンゴル | 国家人権委員会 | 2001年 |
| ネパール | 国家人権委員会 | (2000年) |
| ニュージーランド | 人権委員会 | 1977年 |
| パレスチナ | 市民の権利(citizen's rights)のための独立委員会 | (2004年) |
| フィリピン | 人権委員会 | 1986年** |
| 韓国 | 国家人権委員会 | 2002年 |
| タイ | 人権委員会 | 2002年 |
| 東ティモール | 人権と正義のためのプロヴェドール(保護官) | (2006年) |
| 【中東】 | | |
| ヨルダン | 国家人権センター | 2005年 |
| カタール | 国家人権委員会 | 2006年 |

*人種差別委員（1975年〜）、人権委員会（1981年〜）、性差別委員（1984年〜）を統合して発足。
**大統領人権委員会として設立、翌年新憲法に基づき再設置される。

出典：アジア太平洋国内人権機関フォーラムウェブサイトより筆者作成

　こうした人権基準の受容の背景には、政治腐敗への不満からアジア各国で民主化運動が進むという過程があった。1986年にはフィリピンでマルコス大統領が退陣、1987年には韓国で民主化運動の盛り上がりの中で憲法改正、民主化への道筋が描かれる。1989年にはビルマ（ミャンマー）でも民主化運動が起こった。1992年にはタイで軍事政権に反対する「流血の5月事件」が生じ、1997

年の新憲法につながっていく。1998年のスハルト大統領退陣もこの流れで生じた。この過程でタイ、フィリピン、インドネシアなどで憲法の改正が行われ、人権や民主主義、地方分権などの新たな枠組みが制度化されていく。以下、フィリピンとタイを例に、どのように人権概念の受容が進んだのかを検討しよう。

(2) フィリピンにおける人権受容

フィリピンでは、マルコス政権が崩壊した後に生まれたアキノ政権の下で新憲法の起草が進められ、その過程で人権概念の制度化が大きく進展した。1987年に国民投票で圧倒的な支持を得て成立した憲法は、自由権のみならず社会権に関わる多くの規定を組み込んでいる。第3章「人権憲章」において、基本的な市民的・政治的権利が規定されているほか、「公共的な課題について情報を得る権利」なども規定されている。その第13章「社会正義と人権」においては、人間の尊厳の保障と社会的不平等の現象を議会の最重要課題とし、人権委員会設置の規定を定めた。同章では、他にも農民、漁民の権利保障、保健医療への権利等についても言及されている。また、第14章では、少数民族への教育の重要性についても言及している。第4条「教育」第3項の(2)においては、すべての教育機関が、「愛国心とナショナリズムを育成し、人類への愛、人権の尊重、国の歴史的発展の中での国家的英雄への感謝を醸成し、市民の権利と義務を教え、倫理的・精神的価値観を強化し、道徳的人格と規律を育成し、批判的・創造的思考を奨励し、科学的・技術的知識を広げ職業的有能さを促進する」と規定されている。ここでは、フィリピンという国家への帰属意識を、歴史的なアイデンティティのみではなく、人権の尊重や公共への関与を通じて生み出すというビジョンが示されている。フィリピンには、多くの言語と民族の存在に加え、深刻な貧富の格差があり、国家への帰属意識の弱さを構造的に抱える。さらにマルコス時代に深

刻だった左派やイスラム勢力との間の内戦、人権侵害や汚職は、社会に深い亀裂を生み出していた。このように亀裂を生みやすい社会を統合すること自体がフィリピンの大きな課題であり、人権、市民の権利の理解が国家統合のために必要なことの一つとして位置づけられている。

フィリピン憲法により、人権委員会が設置されたことも重要である。1990年代初めに国家人権委員会を設置したインドやインドネシアでは、国際的な批判に対抗するための防衛措置という動機もあったが、フィリピン人権委員会は拷問、政治的殺害・誘拐などを行っていたマルコス政権との違いを示す必要性から、憲法の中で積極的に意味を与えている。

フィリピン人権委員会は、人権についての政策提言、教育啓発機能に加えて、個別人権侵害事件に関わる機能も持つ(ただし調査の結果は勧告のみ)。これまで、行政府・立法府による人権保障の取組の主要な指針である「フィリピン人権計画」の策定・実施において大きな役割を果たしてきた。同計画は、1993年の世界人権会議の勧告を受けて策定されたもので、司法省、外務省などの行政府とNGOが広く参加し作られた[4]。また、教育・文化・スポーツ省への協力を通じて、学校における人権教育の教材開発にも貢献している[5]。

フィリピンでは、このように新憲法に基づき人権は政策の中心におかれるようになってきている。人権委員会も、政策の中に人権という言語を組み込んでいく上で、大きな役割を果たしてきている。マルコス時代は、人権の主張は主として反政府派が行うものであり、政府・反政府の間を分かつ概念でもあった。政権が変わったと言っても、人が総入れ替えとなるわけもなく、こうした認識が一朝一夕に変わるわけではないが、少なくとも人権を中心的な課題とする独立した国家機関が存在することにより、人権概念の唱道者と政府の距離は狭まったといえる。

だが、本来フィリピンには多くの亀裂を生む社会構造があるため、人権規定を持つ憲法ができただけで、国家機関への信頼が生み出されるわけはない。2001年から政権を担当するアロヨ大統領は、共産主義勢力との対決姿勢を強めた。この環境の中で、2001年以降、活動家やメディア関係者を対象とした政治的殺害が増加しており、犠牲者の数は警察によると百数十名、運動団体によると800〜1000名とされる。この問題は、当初より国家人権委員会によっても取り上げられており、個別事件についての申し立てがなされていた。政府は国際的な圧力が高まった2006年になってやっと独立調査委員会(メロ委員会)を設置した。同委員会の調査自体、運動団体の信頼を得られず、十分なものとはならなかったが、それでも、軍関係者とりわけパルパラン元将軍の関与を強く疑うものとなっている[6]。

(3) タイにおける人権受容

タイはフィリピンやインドネシアのように特定の個人による独裁が長く続いていたわけではなく、1932年の段階からまがりなりにも人権規定を持つ憲法を有していた。1950年代末〜70年代の独裁色の強い軍事政権下では自由の制限は著しかったが、軍事政権が弱体化し、タイ共産党も衰退した1980年代以降は、基本的な自由はおおむね保障されていた[7]。だが、その「民主主義」に基づく政治が順調だったわけではなく、未成熟の政党政治への不満を抱えた軍がクーデターを起こすが、やはりうまくいかず、再び軍がクーデターにより政権交代を行うという「タイ政治の悪循環」と呼ばれる現象が続いた。

この背景には、1950年代末のクーデターで政権を取ったサリット陸軍司令官らが唱道してきた「タイ式民主主義」ともいうべき考え方がある。この考え方によれば、国王は「慈父」、ときどきの政治指導者は「国民の庇護者」であり、国民は主権者ではなく保護さ

れる子供のような存在として見なされる。政治の成否は、指導者の「徳」の問題として位置づけられ、政府の説明責任や市民参加などは軽視される。こうした考え方に基づけば、時々の政権担当者にはフリーハンドが与えられることになる。この結果、政党関係者も軍関係者もつまるところ政権を担当している間に利権を漁るという状況が繰り返された[8]。

この状況を変えたと思われたのが、民主化を求める市民の虐殺が行われた1992年の「流血の５月事件」であり、その後の民主化の流れの中で参加型の手続きで制定された1997年の憲法であった。タイの憲法改正は、国会が選挙する各県の代表者、専門家などからなる憲法起草議会により進められた。この過程では、憲法の草案が幅広く配布され、各地で公聴会が開催された。その様子が、メディアで報道され、憲法への一般の認識も高まった。この過程では、1973〜1976年の学生運動に関わっていた世代や、あらたな中間層、メディアが大きな役割を果たした。1980年代以降の農村部でのNGO活動の結果生まれていた貧困層の組織も重要な働きをしている[9]。

この結果作られた憲法は、人権に関わる規定を多く含んでいる。通常の自由権に加え、知る権利、消費者の権利などの新たな権利概念も組み込まれた。また、権利保障を担保するための独立機関の設置も憲法で規定されており、国家人権委員会、オンブズマンなどが設置されている。さらに、国家汚職防止摘発委員会、国家会計検査委員会などの組織の創設も決めた。選挙制度も改革し、上院を初めて公選制にしたうえ、上院議員が党派制を持たないよう兼業を禁止した他、政党の党員・役員歴がないことを条件としている。上院には憲法上の機関・役職の人事について助言・審査権限が与えられている。

タイの人権委員会は、上記の憲法および1999年の人権委員会法に基づき設置され、2001年7月に機能を始めた[10]。同法によれば、

委員会には、①人権の尊重・遵守の伸長、②人権侵害事件の調査・勧告および行動がとられなかった場合の議会への報告、③議会および内閣への人権政策・勧告、④人権教育・情報普及、⑤人権分野における国家機関やそのほかの組織の間の調整、⑥国内の人権状況についての年次報告書の作成、⑦人権委員会の活動についての年次報告の作成と議会への提出、⑧人権条約批准についての意見を議会・内閣に提出、⑨人権委員会の業務を担う小委員会を設置、⑩そのほか法が定める機能を果たすために必要な業務を行うこととなった。

　タイやフィリピンの憲法改正や人権委員会の設立により、これらの国で人権侵害がなくなったわけではない。タイ南部では、マレー系イスラムの分離独立派との紛争状態が長らく続いている。分離派とされた人々を弁護していたバンコク在住の弁護士ソムチャイ・ニーラパイチット氏が、タクシン首相時代の2004年に政府機関により誘拐され失踪するという事件も生じた[11]。2003年には麻薬取り締まりを強化する中で、麻薬関係者とされた人々が多数超法規的に殺害される事件も生じている。タクシン首相が退陣した後も、その支持派と反対派との対立が続き、その過程で人権侵害も生じたとされている。フィリピンにおいても既に述べたように、軍が暗殺対象リストを作成、社会活動家や共産党関係者とされた人々を殺害するという事件も起きている。だが、現実の政治状況の中で問題は生じ、「人権の実効性」への疑念は生まれているとしても、人権概念自体の正統性自体へ疑問が投げかけられることはさほどない。そういう意味では、人権概念自体の受容は進んだといえるだろう。とりわけ、両国で政府により設立された人権委員会は、その存在と活動自体が「人権概念を国家が承認した」というメッセージとなっており、人権概念を政治過程の中に組み込むために大きな役割を果たしている。

## 4 むすび―国際共生を実現するための人権の役割

　東南アジアの事例で見たように、ある社会、もしくは地域で人権が制度化される過程は、単純ではない。国内のさまざまな利害関係と国際的な圧力が絡み合い、その過程で政治的な抵抗勢力が妥協を進めることにより進んでいく。だが、いったん制度化された人権は、国内での議論の方向性に影響を与え、次の展開を容易にしていく傾向も見られる。タイ、インドネシア、フィリピンなどでは、国内人権機関設立以降、人権条約の批准は進んでいる。こうした状況は、ASEAN全体での人権への受容をより容易にする環境を生み出していくことにもなり、2009年の「人権に関するASEAN政府間委員会」の設置につながった。複雑な政治過程の中で制度化された人権が、そのまま順風満帆に実効性を獲得していくとは限らない。だが、この過程はより広範な国際社会における人権の受容・制度化についてもいくつかのヒントを与えてくれる。

　第一は、各国の国内での人権推進勢力の役割である。既に述べたように、人権概念の受容に抵抗する勢力は常に存在するが、同時に推進する勢力もある。人権は単純に外部から押しつけられるというものではなく、社会の内部の賛同者と国際環境の相互作用で制度化されていく。この過程で、既存の権力構造の中で犠牲となってきた人の痛みが共有されることにより、人権概念の受容も進む。第二に、政治的な構造を大きく変える政治的な権利は、非民主的な国では受け入れられにくいとしても、政治体制の変更に関わらない分野の人権は、かならずしもそうではないという点がある。中国やビルマ（ミャンマー）も、子どもの権利条約や障害者の権利条約は批准している。個々の人権基準については賛否両論あったとしても、人権という枠組み自体への受容は進んできたのである。

　つまるところ、現代の領域国家の中で、大規模な関係が生み出

す意図せざる苦しみを回避・改善するためには、やはり現代の国家に与えられた力を使うしかない。すなわち、法制度の形成を通じて実効的な救済手段を生みだし、同時に社会規範に働きかけ人々の行動変容を促すことが必要になるのである。これはすなわち人権の制度化を進めるということでもある。こうした動きに対しては、常に既得権益を持つ側からの反発も生まれる。とりわけ、経済のグローバル化が進む中で、労働者の権利保護が競争力を損なうとして反対する勢力の力は強い。こうした勢力に対抗しながら、それぞれの社会で、そして国境を越えた連携によって、一人一人の尊厳を守る社会を作ることができるか。それが国際共生を実現するための鍵となるのかもしれない。

[註と引用参考文献]
1：一般に文化や文明などの概念は定義が難しく、因果関係の原因として実証的に扱うことは困難で、そのため反証も難しい。こうした概念を用いることは思考停止につながりがちであり、運命論的な単純な思考につながる。まだ存在しない「国際共生」の可能性を考える時に、こうした罠に陥ることなく、冷静に検証する必要があるだろう。
2：いわゆる「アジア的人権論」についてはさまざまな論考がされてきた。アジア的人権論が社会的権利などへの関心を高める点において貢献したとするものとしては、大沼保昭『人権、国家、文明：普遍主義的人権観から文際的人権観へ』筑摩書房(1998年)がある。ただ社会権を重視していると大沼が認識する中国では、戸籍の有無による教育機会の差別など現実には社会権侵害が生じており、いささか単純な分析に思える。拙稿「アジア的人権論」初瀬龍平・定形衛・月村太郎編『国際関係論のパラダイム』有信堂高文社(2001年)152-163頁においては、むしろ権威主義的政権の正当化としての側面が強いとの認識を示した。なお、井上はアジア的人権論を西洋とアジアとの対立を固定した枠組みを持つ点においては、オリエンタリズムの一つの表現であると指摘しており、興味深い。Inoue Tatsuo, "Liberal Democracy and Asian Orientalism", in Joanne R. Bauer, Daniel A. Bell, ed., *The East Asian Challenge for Human Rights*, Cambridge University Press(1999), pp.27-59。

3：川村暁雄「人権基盤型アプローチの射程：人間の尊厳のための社会関係の把握・変革・自覚・共有」アジア・太平洋人権情報センター『アジア・太平洋人権レビュー 2008　新たな国際開発の潮流・人権基盤型開発の射程』現代人文社(2008年)8-34頁。

4：石川えり「フィリピン人権委員会・内なる人権保障の要求と開かれたシステム」山崎公士編著『国内人権機関の国際比較』現代人文社(2001年)235頁及び稲正樹「インドネシアとフィリピンの人権委員会とオンブズマン」作本直行・今泉慎也編『アジアの民主化過程と法』アジア経済研究所(2003年)387頁。

5：フィリピンでは、こうした憲法の規定を受け、人権委員会とともに人権教育の教材開発を進め、1997年に人権教育指導案を作成している。詳しくは、阿久澤麻理子「「国家」による人権教育の制度化の意義と課題—フィリピンの学校における人権教育を例として」世界人権問題研究センター『世界人権問題研究センター研究紀要』第9号(2004年3月)75-99頁参照。

6：同将軍は、共産党系の合法団体も国家の敵であるとたびたび公言している。また、政治的殺害は同将軍の管轄地域に特に多くみられる。Melo Commission, Independent Commission to Address Media and Activist Killings Created under Administrative Order No. 157 (S. 2006) (Melo Commission, 2007)参照。

7：といっても、住民活動家、環境活動家などの暗殺などは珍しいことではない。ただ、スハルト時代のインドネシアやマルコス政権下のフィリピンのように政治的な意図で体系的に人権侵害が行われていたわけでは必ずしも無い。ただ、2000年になり南部のイスラム系の運動との対立は激化しており、その中で軍や警察による人権侵害も生じるようになってきた。

8：末廣昭『タイ―開発と民主主義』岩波書店(1993年)、19頁参照。

9：河森正人「タイ・高度経済成長と市民社会の形成過程」岩崎育夫編『アジアと市民社会』アジア経済研究所(1998年)参照。

10：2001年9月のウィラ・ソムボーン人権委員会事務局長への筆者のインタビューより。

11：この事件については2005年になり当時のタクシン首相も政府関係者の関与を認める発言を行っている。

## 地域的人権保障機構の可能性

　国連は戦後、国際社会で人権を議論する重要な場として機能してきた。しかし、国連や国際的な人権条約には大きな限界がある。それは各国で生じる個別の人権問題を解決する力がないということである。人権条約を批准した国は、国際社会に対して人権を守るという約束をしたということになるが、条約が守られていない場合も、国際社会が直接強制力のある決定を行うことができるわけではない。

　そこで注目されているのが、地域レベルの人権保障システムである。ヨーロッパ、米州、アフリカなどの相互関係の強い地域単位で人権を守る仕組みを作れば、より拘束力（もしくは影響力）の強い決定を行うことができる。実際に、ヨーロッパにはすでに拘束力を持つ地域的な人権裁判所がある。ヨーロッパ人権条約に基づいて設置されたヨーロッパ人権裁判所であり、国家の中で人権問題の解決ができない場合に、個人が訴えることができる。アフリカ連合、米州機構にもそれぞれ人権裁判所が設置されている。

　では、アジア地域ではどうなのか？残念ながら、アジア地域全体をカバーする地域的な国際機関がそもそも存在しておらず、人権機関を設置する主体すらまだできていない状況ではある。しかし、ASEAN（東南アジア諸国連合）だけは、少し状況が異なっており、本章でも触れたように国境を越えた人権保障について議論する場が生まれつつある。アジアで人権に基づく共生が生まれるかどうかを考える上でも、こうした地域的な人権機関の役割には注目していきたい。

# 第3部

## 環境と国際共生

# 第5章

## 自然資源の「協治」からみた「国際共生」

井上 真

## 1 はじめに－地域か地球か？

「国際共生」は、多様な主体が積極的に関与し、すべての主体の利益を生み出すことを目的とする[1]。つまり、一方向的な「国際協力」、対立回避の「国際協調」、相互の存在を承認する「国際共存」と比べ、「国際共生」は、より積極的な相互作用を前提として成り立つ概念である。「地球」のために「地域」を犠牲にしないのが「国際共生」であろう。「国際共生」をこのような概念として定義するならば、必然的に最初に行動を起こす側が相手側のリアリティを理解しておくことが不可欠となる。

そこで、まず熱帯林地域に住む先住民のリアリティに関わるローカル・ノレッジへの理解、そのような人々の居住域を含む熱帯森林地域を対象とする国家政策の展開、そして地元の人々と外部者との関係性についての議論である「協治」論について概説する。そして最後に、非日常のフィールドと日常生活を繋げることの重要性を述べ、今後の課題を提示する。

## 2 ローカル・ノレッジへの理解：持続的利用の3類型

自然資源を含む環境と人間主体との関係性は、民族的・地域的

なプラクシス(praxis、実践)として表出する。しかし、自由・平等・独立な近代的個人が取り結ぶ民主的な社会では、自然資源は直接的な利害関係を有する地元住民だけのモノではなく、国民みんなのモノとして位置づけられる。上流の森林は酸素を供給したり、レクリエーションの場となったり、土砂崩れを防止したりする大切なものであるから、下流域の人々、県内の人々、さらには国民全体がその森林の管理に関わる権利を持つ、という考え方である。場合によっては、市民参加で多数決による「民主的」な資源管理が展開された結果、地元住民の意向が無視されてしまうこともあろう。

このような状況の中で、他者である地元住民の生活を重視して関わり方を検討するためには、単に「地元の人々はローカル・ノレッジを持っているから、資源の管理を地元住民に任せるべきである」と主張するだけではなく、人々による資源の利用管理を、持続的な資源利用や民主的決定といった普遍的な価値に接合する作業が必要とされる。それをまずは紹介したい[2]。

私が東カリマンタンで生活を始めた1987年のある日、インドネシア人の人類学者がアポ・カヤン地域(ボルネオ中央高地)における焼畑農業の写真を見せてくれた。彼は小山の頂上付近に樹木が残っている写真を私に見せながら、「彼らは小山の頂上の樹木を残す。土壌浸食を防止するためであり環境的に好ましい。」と説明してくれた。ところが、数カ月後に実際に当地に行ってみると、むしろ小山の頂上に木が残っていない場合の方が多かったのである。調査の結果、たまたま斜面の下方から伐採を進めて必要な面積を確保したところで伐採を止めた結果、小山の頂上付近の樹木が残されたことが判明した。

この現象を説明する糸口として、外部者による評価(エティック的視点)と、人々自身の認識(エミック的視点)との乖離にまずは着目した。自然利用の方法は、常に対象とする自然の性質に対する

明示的な知識からなる技術を基盤としているとは限らない。意識されない知識、すなわち暗黙知に支えられている技術もある。また、技術とは言えないような偶発的な利用方法が出現することもあるだろう。このような思考を経て概念化されたのが「持続的利用の三類型」である。

第1の「偶発的な持続的利用」とは、無意識的な行為が結果的に持続的な利用となっている利用様式である。既述の小山の頂上に残った樹木はまさにこの事例である。また、畑に燃え残りの樹木が散らばっているのは、粗放な整地の結果そうなっているにすぎない。さらに、収穫後に陸稲の茎が残されるのは、利用しない藁をわざわざ刈り取る必要がないからである。これらはいずれも土壌浸食(エロージョン)の防止に役立つ。

第2の「副産物としての持続的利用」は、別の目的を持ったある一定の意識的な行為が結果的に持続的な利用となっている利用様式をさす。この事例としては、焼畑用地の循環方式が挙げられる。人々は、太股の太さ、あるいは腰周り以上に植生が回復するまで待ってから、焼畑跡地を再利用している。しかし、それは、樹冠が閉鎖する前の叢林を伐採・火入れして陸稲を植え付けると雑草の繁殖力が強く除草作業が極めて大変であるのに対して、比較的大きな二次林から作った畑ならば除草作業が楽だからである。このため、植物体に含まれる養分量がある程度の量に達してから伐採・火入れされることにより、より持続的なシステムとなる。

また、人々は毎年畑を移動させているが、それは2-3年続けて耕作すると雑草の繁茂がひどくて、除草作業に手間取るからである。これにより、土壌中にある樹木の種子(埋土種子)の発芽力を保つことができ、素早く植生が回復する。さらに、精霊が宿っていて伐採すると子供が病気になったりするために、焼畑用地の中にあっても保存される樹木が存在するが、これも副産物としての持続的利用の一例である。

第3の「意識的な持続的利用」は、持続的利用を目的とした利用様式のことである。日本の入会林の利用規制や、インドネシアのマルク諸島で見られるサシ(禁漁制度)はこれにあたる。特に、日本の入会林野の場合、採取道具、採取時期・期間、対象物の種類と量などが掟として定められており、これを破った場合は入会が差し止められたり村八分にされるケースもあった。これに対して、私が長期フィールドワークを行ったボルネオ先住民(ケニァ人)による焼畑農業においては、意識的な持続的利用は見いだせなかった。

　とはいえ、このことによって「偶発的な持続的利用」と「副産物としての持続的利用」が軽視されるのは適切ではないだろう。普遍的な価値としての持続的利用が実現していること自体は高く評価されていいはずである。我々がやるべきなのは、現にその土地で生活している人々の資源利用方法が正当に評価され、政府など外部の認知を得るためにはどうしたらよいかを現地の文脈に即して検討することであろう。その第一歩として、持続的利用の性質をしっかりと把握し、それについてそこに住む人々と認識を共有することが、実効性のある施策を提案するうえでより効果的であると考えている。

## 3　熱帯地域の森林政策の展開

　東南アジアの南洋材のうちヨーロッパ列強が早くから関心を持っていたのはチークやマホガニーであった。とくに世界的にすぐれた材質を誇っていたチークは、建築用材、鉄道の枕木のみならず艦船用材として適材であったため、イギリスは植民地ビルマの森林を積極的に支配した。半植民地状態であったタイも含めて、チーク林の開発は伐採権を獲得したイギリスの商社に独占された。これに対して、オランダ植民地政府の山林局はジャワのチー

ク林を直営で管理した。

　フィリピンのラワン材を除いてほとんど見向きもされなかったフタバガキ科の樹木は、第二次世界大戦後になって一気にバイヤーの関心を集めた。とりわけ、日本の商社は合板用の原木としてラワン材を大量輸入し始めた。北海道産のナラ材よりも価格が安く加工上も有利であったためだ。当初そのほとんどを占めていたのは良質なラワン材を産出したフィリピンであった。しかし、1960年代には森林劣化が進み対日丸太輸出規制の動きや木材価格の上昇がみられるようになったフィリピンにかわって、インドネシア(特に東カリマンタン)の森林開発が脚光を浴びるようになった。これまでは相手国の伐出企業に融資してそこから産出される材を引き受けるという融資買材方式がとられていた。しかし、これ以後は資源供給国への資本と技術の提供をともなう開発輸入が主体となるのである。はじめは、日本から資材・機材・役務などを提供し、事業の結果得られた生産物をわが国と相手方との間で分与するという生産分与方式(production sharing system)がとられたが、1967年以後は合弁事業方式(joint enterprise system)が主体となった。しかし、このような森林開発の結果、東カリマンタンの低地では1980年代になって森林減少が顕在化した。マレーシアのサバやサラワクでも森林開発とそれに続く森林の劣化・減少というプロセスが進行した。

　以上のような森林開発を支えたのがコンセッション(伐採権)に基づく森林政策であるが、次のような誤りがあったことが指摘されている。①森林開発が市場性を持つ少数の樹木に集中し、森林生態系の存在がもたらす有形無形の便益がほとんど評価されなかった。②森林の伐採と農地転用などの利益が誇張され、それにともなう社会的費用が無視されてきた。③熱帯林の管理に関する科学的知識を欠いたまま大規模な開発を断行した。④政府は自らの森林管理能力を過大に評価し、一方で住民による森林の伝統的

な利用と分権的な管理を過小評価してきた。

　原生林や天然林が少なくなった東南アジア諸国の森林政策の重点は、すでに森林開発から、森林の保全(持続可能な森林管理)、森林の造成(人工林の経営)、そして参加型森林管理(コミュニティ林業)へと移っている。

　そして、ここ数年にわたり森林関係者に注目されてきたのが気候変動枠組み条約下で国際的な交渉がおこなわれてきたREDD-plusメカニズムである。森林は石油と石炭に次いで大きな二酸化炭素排出源(およそ20%)である。だから、森林を保全し適切に利用・管理すれば、地球温暖化防止に直結する。そのための努力に対する費用負担メカニズムを構築しようというのが現在のREDDブームの根幹にある認識であり、森林の有する環境面での価値からしてこの認識自体に間違いはないだろう。

　REDD-plus(REDD+)は、「途上国における森林の減少および劣化による炭素排出の削減」(Reducing Emissions from Deforestation and Degradation in Developing Countries: REDD)のみならず、「森林炭素蓄積の保全」、「持続可能な森林管理」、「森林の炭素蓄積の増進」といった活動によって、本来ならば大気中に排出されたであろう二酸化炭素量を減らすための政策努力に対して正のインセンティブ(炭素クレジットなど)を与えるメカニズムである(FCCC/AWGLCA/2009/L.7/Rev.1)。これまでのところ、REDD-plusの活動を実施する際のセーフガード(保護条項)として7項目が「促進(promoted)」あるいは「支援(supported)」されることが合意されている。その中には、先住民や地域住民の知識や権利の尊重、関係者の十分で効果的な参加、天然林や生物多様性の保全との調和、など三十年の歳月を経てやっと森林政策の中心的課題として認知されるようになってきた重要事項が含まれている。

　REDD-plusのメカニズムを検討するにあたり、かつて中央集権的に実施されてきた多くの森林政策が、地域住民の森林や土地へ

の権利を奪う傾向をもっていた事実を常に思い返す必要がある。過去の教訓に学び、1980年代以来各地で試みられてきたコミュニティ林業など地域住民の権利を奪わない仕組みづくりをいっそう促進することが重要である[3]。

　法的には世界の森林の80％が公的所有の下にあるが、コミュニティ、個人、会社による管理や所有が徐々に増えてきている[4]。世界の森林面積のおよそ27％がコミュニティによって管理されている[5]という推計もある。住民の参加や権利というガバナンスの正当性を確保するための要件である民主性は、まずローカルな現場で考慮される必要がある。それを考慮しないまま、地球規模の炭素市場を通して森林の価値が高まると、どうしても中央集権的なガバナンスへの政治的インセンティブが高まってしまう。そうなれば、結局は過去の繰り返しとなり、森林減少・劣化が促進され、貧困削減にも失敗する。このような「REDDパラドックス」[6]を避けるためには、中央政府と地方政府との間で権限の分配を工夫するとともに、ハイブリッド・アプローチに基づく市場パワーの適切な制御がどうしても必要である。短期的な利害を超える人類の英知が炭素市場という怪物をうまく活用し飼い慣らすことができるかどうかが、森林と人類の明日の運命を握っていると言っても過言ではない。

## 4　「協治」の理念と設計指針

　森林保全に関わる多様な主体による「国際共生」を実現するための理念として、外部者が適度に関わる「協治」[7]が有効である。「協治」とは、地元住民を中心とする多様な利害関係者の連帯・協働による環境や資源の管理の仕組みのことである[8]。「協治」の担い手は、「素民」（ふつうの人々）と「有志」（ある事柄についての関心、およびそれに関係する意志を持っている人）であり、メンバーがあらかじめ

固定された組織の形態をとることもあるが、もっと関係者の広がりを持つネットワークの形態をとってもよい。このような「協治」のスケールは、村落、地方自治体、国家とバラエティに富み、時には国境を越える「協治」も成立する[9]。「協治」は、垂直的な枠組を前提とする相互関係(図5-1)ではなくて、垂直的な行政の枠組を越えるより自由な垂直的・水平的な連携や連帯によって成立する(図5-2)。

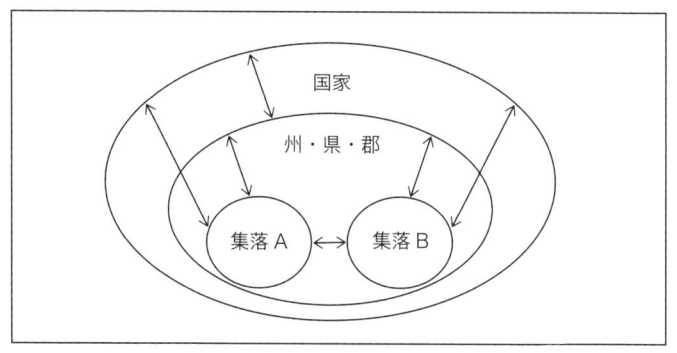

図 5-1　スケール間の相互関係(水平、垂直)

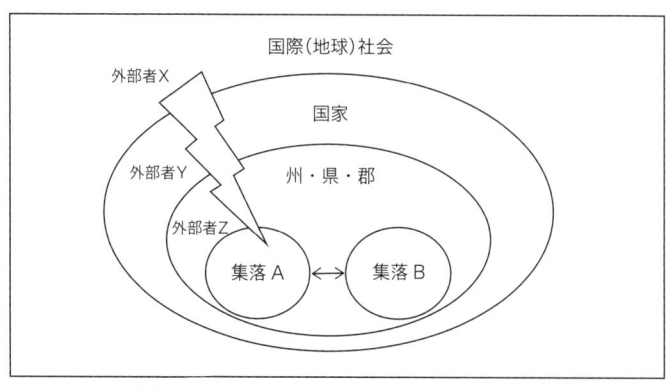

図 5-2　垂直スケールを飛び越える自由な外部者との「協治」

「協治」を実現するためには、地元住民が地域の環境や資源を外部へ開く意思、つまり「開かれた地元主義」[10]が要請される。これはあくまでも地元住民を重視しており、「補完原則」とも親和性をもつ。企業やNGOなどの外部者が失敗による撤退が可能であるのに対して、地元住民には通常その選択肢がないことが、地元住民を中心に据えることの正当性を示している。

一方で、外部者の影響力が強すぎると地域自治を損なうことになる。そこで、当該地域の環境や資源に対するかかわりの深さに応じた発言権を認めようという理念、すなわち「かかわり主義」[11]に基づく合意形成の場を設計することが不可欠となる。これにより、外部者であろうが地元住民であろうが、とにかく関わりが深い人ほど強い発言権を認められ、環境や資源の管理のための合意形成が促進される。

このような「協治」の理念を実際のローカルな制度設計に活かすための「協治」の設計指針（＝協治原則）のうち、特に重要な二つについて概説する[12]。これらの指針は、初めから外部との協働を前提としていることに特徴がある。また、これから「協治」を創り上げるためのものであるため、いわば生成条件ということもできる。

(1) 段階的なメンバーシップ（graduated membership）

これは、「開かれた地元主義」から導出される。具体的には、段階的な開放性をもたせたメンバーシップを設定するのである。つまり、最も強い権利と義務を負うコアメンバー（1級会員）を中心に置き、その周辺に権利と義務の濃淡を付けたメンバーシップ（2級会員、3級会員など）を設定する。メンバーシップを設定する以上、必ず非メンバーへの排除をともなう。したがって、排除の存在がレジティマシーを有するとともに、排除は公正（fair）な仕方で行われる必要がある。ところで、フォーラム（情報交流の場）においてはメンバーシップをかなりの程度緩く設定する方が多くの参加

者を得ることができるが、アリーナ(意思形成の場)の場合は地元住民をコアメンバーとしつつ限定された外部者に低位のメンバーシップを与えることになろう。これらを前提にすると、アリーナとして想定できそうなのは、流域森林管理委員会のような組織であろう。住民代表に最も強い決定権を認めたうえで、地方行政、学者、NGOなどがこの委員会のメンバーとして参加するのである。

### (2) 応関原則（commitment principle）

　これは「かかわり主義」から導出される。アリーナ(意思形成の場)における決定権を「かかわりの深さ」に応じて付与するという原則である。この応関原則を導入すると、意志決定方法は「平等(一人一票)」ではなくなるが、メンバー間でその決定方法が「公正」であると認識されていれば問題ない。「公正」であるかどうかの判断は、レジティマシーが付与されるかどうかにかかっている。この段階では、アリーナへの参加者にはすでにレジティマシーが付与されている。したがって、ここで検討すべきなのは「誰による、どのような発言に対して、どのくらいのレジティマシーを与えるのか」である。応関原則が成立するためには、すべての参加者がお互いに自然資源との「かかわりの深さ」を感覚的に知っていなければならない。だから、アリーナの規模(参加者の人数)は、一定程度に制限される必要がある。顔の見える程度に小規模なアリーナが理想的である。これに対して、もっと大きなアリーナで応関原則を導入しようとする場合には、「かかわりの深さ」を何らかの指標で評価し、それに応じた投票権を付与する方法を考える必要がある。

　段階的なメンバーシップと応関原則は相互に深く関連しており、メンバーシップの濃淡と意志決定権の強弱が車の両輪となっている。

## 5 「協治」のもつ公共性

　コモンズ研究は3つの面で公共性の議論に関連している[13]。第一は「資源属性における公共性」である。つまり、森林などのコモンズは環境資源として正の外部性を持つがゆえに、コモンズの維持・管理は外部社会との積極的な関係を有している。第二は「政治空間における公共性」である。「井上真の「協治論」とはまさに、ガバナンスの局面における公共性論である。……また、内部の主体(アクター)と外部からの多様な主体とによって創出される公共性として捉えることも可能であろう。」[14]第三は、「正統性における公共性」である。これは、コモンズを守るロジックとしてコモンズが長年にわたって地元住民によって維持・管理されてきたという事実が体現する「歴史的正当性としての正統性」に内包される公共性を指す。

　このうち、「資源属性における公共性」は、これまで長年にわたって森林サイドから主張されてきた公益的な機能を有する森林への公的助成の根拠となってきたが、大きな政治力には結びつかなかった。一方で、「正統性における公共性」は価値観の変化の中で今後は弱められる可能性が大きい。

　では、「政治空間における公共性」として創出される「協治」はどんな問題をもつのであろうか。すぐに思いつくのは、階層性(入れ子状態)による問題である。つまり、外部者を含む協治の関係者は、より広い社会構成メンバーから自己満足という誹りを受けるのか、あるいは公共性の担い手として評価されるのかという問題である。この点をどう考えたらよいのか。これは、国際共生のための活動へのサポートのあり方に関わる問題である。

## 6　むすび－地域と地球をつなぐ国際共生

　最後に、このような議論を机上の空論としないためには、現場での経験やフィールドワークが重要である。私はかつて拙著のあとがきで次のように述べた。

　「現場から学ぶフィールドワークを重視する研究や実践活動はじつに様々なことを私たちに教えてくれる。世の中を正邪の二つに分けることの不自然さ，他人を軽視する利己主義の惨めさ，そして他国の視点を持たない偏狭なナショナリズムの危うさ……。グローバリゼーションが進展し，自由貿易協定(FTA)が次々と締結される中で，日本という国家が，あるいは日本人が，アジアの一員として，あるいは国際社会の一員として，平和の構築に貢献するためには，他者との関係性について敏感であることが必要であろう。その意味で，現場に根ざしたフィールドワークから学ぶべきことは多い。[15]」

　そのうえで、フィールドワークを実施している地域を、そして国際共生の相手側の現場を、自分の日本での日常生活と繋げて考えることも重要である。このことを、別の拙著で次のように述べた。

　「フィールドワークや国際協力に関わる人にとっても、自分の生活や家族が重要であることは言うまでもない。その中で、「後ろめたさ」を感じながら自分の出来ることを少しずつでよいからやる。決して、フィールドにいる自分と、日常の自分を切り離さず、フィールドで付き合いを続けながら自分の生活を、態度を、そして格差を生み出している社会全体を、少しずつでいいから変える努力を継続する。これが、「後ろめたさ」を飼いならしながらのフィールドワークであり、国際協力である。もしもこのようなやり方をさえ「偽善」というならば、おそらくボランティアさえ成立せず、まさに弱肉強食の荒々しい競争社会しか構想できないこと

になってしまうと思う。[16]」

　本章での議論が国際共生について考える上で少しでも役立てば幸いである。

### [註と引用参考文献]

1：黒澤満『国際関係入門』東信堂(2011年)、iv頁
2：この項は、拙稿(井上真『焼畑と熱帯林』弘文堂(1995年)、井上真・宮内泰介(編)『コモンズの社会学』新曜社(2001年)の記述内容に基づいている。
3：井上真「温暖化防止対策としての森林保全：REDD+制度設計の課題」森林環境研究会(編)『森林環境2011：国際森林年−森の明日を考える12章』森林文化協会/朝日新聞社(2011年)、78-87頁
4：FAO, *Global Forest Resources Assessment 2010*, 2010.
5：Sunderlin, W.D., Dewi, S. and Puntodewo, A., *Proverty and Forests: Multi-Country Analysis of Spatial Association and Proposed Policy Solutions*. CIFOR, 2007; Agrawal,A., Chhatre, A. and Hardin, R.," Changing governance of the world's forests," *Science*, 320, 2008, pp.1460-1462.
6：Sandbrook, C., Nelson, F., Adams, W.M. and Agrawal, A.,"Carbon, forests and the REDD paradox" *Fauna & Flola International*, Oryx, 44(3), 2010, pp.330-334.
7：共用資源(common-pool resources: CPRs)の有する性質からすると、その持続可能な利用・管理は、(a)メンバー以外の者を利用から排除すること(排除性の向上)と、(b)利用規制の設定・遵守によってメンバー間の資源利用の競合・混雑現象を回避すること(控除性の低減)によってなされる。問題は、それをどのようなスケール(空間的範域)を対象とし、誰が主体となって実施するかである。スケールと主体に着目すると、資源や環境の管理における三つの戦略(井上真「コモンズの管理」環境経済・政策学会(編)『環境経済・政策学の基礎知識』有斐閣ブックス(2006年))を想定することができる。第一の戦略「ローカル化戦略／抵抗戦略」は外部者のかかわりに期待しない自主自立の戦略であり、第二の戦略「グローバル化戦略／順応戦略」は外部者主導の活動を受け入れる戦略である。そして、第三の戦略は、グローバリゼーションの進展を前提としつつも地域自治の理念を重視し、前記二つの戦略を止

揚し統合することである。いわばグローカル化戦略（＝協治戦略）である。すなわち、「閉じる」と「開く」、あるいは「固有な価値」と「普遍的な価値」とを調整することである。ここでの主要アクターは、「素民」と「有志」を含む様々な利害関係者（ステークホルダー）である。

8：井上真『コモンズの思想を求めて』岩波書店(2004年)
9：この項は、拙稿(井上真『コモンズの思想を求めて』岩波書店(2004年)、井上真「事前資源「協治」の設計指針：ローカルからグローバルへ」室田武(編)『グローバル時代のローカル・コモンズ』ミネルヴァ書房( 2009年)、3-25頁)の記述内容に基づいている。
10：井上真『コモンズの思想を求めて』岩波書店(2004年)
11：井上真『コモンズの思想を求めて』岩波書店(2004年)
12：米国のコモンズ論の成果として提示されてきた設計原則や条件は、基本的にはローカル・コモンズを地元の人々が利用し管理することを前提としたものである。そして、外部との連携については、入れ子状の組織、あるいは多層構造をもつ関係性として、その重要性を指摘するにとどまっている。
13：下村智典「コモンズの公共性」『Local Commons』15, 2011, pp.18-21.
14：下村智典「コモンズの公共性」『Local Commons』15, 2011, pp.18-21.
15：井上真(編)『躍動するフィールドワーク』世界思想社(2006年)
16：井上真「私的な経験の昇華：過去から未来へ」荒木徹也・井上真(編)『フィールドワークからの国際協力』昭和堂(2009年)、244-265頁

## ボルネオ先住民の生計選択

　私が3年間滞在した1980年代後半、ボルネオ島奥地の人々は、森の籐で作った籠、狩猟で仕留めたシカやイノシシの肉、樹液を含む木片（沈香）を採取し、近隣の町で塩や食料品などの生活必需品と交換して生計をたてていた。上流域の人々は、企業による木材伐採現場での賃労働、川での砂金採集、森での沈香や籐の採取により現金収入を得ていた。中流域の人々は、個人で所有し管理する籐園（見かけは森と類似）が重要な生計手段であった。

　もちろん、この50年くらいの間に人々の生計手段の推移はある。焼畑サイクルは短くなり、沈香・籐・燕の巣など市場価格の良い非木材森林産物を選んで採取し、大豆・カカオ・コーヒー・ゴムなどその時々に儲かりそうな商品作物を導入し、木材伐採労働など出稼ぎにも行く。このような自然生態系や経済状況の変化に対する恒常的な順応を可能としたのが森林生態系と焼畑農業である。焼畑農業により人々は重要な主食である米を確保できた。乾期が長引いて米が不作になっても、森の中でイモ類や果実などを探して凌ぐことができた。つまり、森や焼畑農業がセーフティネットの役割を果たしたからこそ、ボルネオ先住民ダヤック人はその時々で儲かる生計手段を選択できたのだ。

　ところが、2000年代後半から企業による大規模アブラヤシ農園の開発が急速に進みつつある。セーフティネットがダメージを受けたとき、人々の生計選択はどうなるのであろうか？

# 第6章

## 対立か協調か－気候変動と国際共生

高村　ゆかり

## 1　はじめに－国際共生の文脈における気候変動問題

　国際社会における「共生」とそのあるべき姿を考える際に、国際社会が直面する地球環境問題という問題にいかに対処するのかという課題を避けることはできない。国際司法裁判所(International Court of Justice: ICJ)が、核兵器使用の合法性に関する勧告的意見において、「環境は…人間(まだ生を受けていない世代を含む。)の生活空間であり、生活の質であり、健康に相当する」[1]と認めているように、環境の悪化は、私たちの生活空間、生活の質を低下させ、引いては人類の生存基盤を揺るがしかねない。特に気候変動問題は、生態系と人類の生存基盤である地球の気候系そのものを変化させるおそれがあるとして、ここ20年にわたり、国際政治の議題としても最も高い優先順位が与えられてきた問題である。

　気候変動に関する科学研究の成果をとりまとめる気候変動に関する政府間パネル(Intergovernmental Panel on Climate Change: IPCC)の最新の第4次評価報告書(2007年)は、2005年時点で、過去100年間に地球の平均気温が0.74度上昇し、海面も平均で17cm上昇し、近年になるほど上昇速度が加速しているとする。2100年に平均で1.8～4.0度の気温上昇が予測され、世界的に干ばつや熱波、台風の強大化といった異常気象が増加し、世界各地の食料生産に深刻

な影響が及ぶと予測されている。それにより生じうる食料不足や水不足が地域の紛争を激化させる可能性も示されている[2]。気候の変化はまた、熱波、洪水、火災、干ばつなどに起因する死亡、疾病、傷害の増加といった直接的影響をはじめ、数百万人、とりわけ適応能力の低い人々の健康状態に悪影響を及ぼすおそれがあるとも予測されている[3]。

「国際共生」という概念からみなが共有するのは、国際社会において多様な意見、状況にある人・国が争うことなく共に生きるという目標のイメージだろう。地球環境の保護という文脈においては、このめざすべき「国際共生」という目標は、1980年代以降、環境保護と発展の課題に取り組む国際社会の政策目標・指導原則として登場し、広く普及した「持続可能な発展(sustainable development)」の展開をふまえて理解される必要があるだろう。すなわち、「持続可能な発展」という国際社会の政策目標・指導原則に照らせば、この文脈における「国際共生」は、たんに紛争がない状態に生活していることではなく、環境と資源の長期的な持続可能性を維持・改善しつつ、人々が基本的ニーズを満たすように発展から得られる利益が衡平に配分されるのを実現することによって、住民全体及び全ての個人の福祉を恒常的に改善する、そうした内実を持つ目標として理解されなければならない[4]。

こうした観点から見ると、前述のように気候系を変化させ、様々な悪影響を生じさせる気候変動問題は、「国際共生」という目標の実現をより困難にするおそれがあり、したがって、気候変動問題への効果的な対処は、「国際共生」という目標実現のための必須条件である。同時に、気候変動問題への効果的な対処には、多様な利害を有する諸国がいかに問題解決に向けて高い水準の協調を実現できるかが鍵を握る。いうならば諸国家間の「国際共生」の水準が、問題解決の成否を決めるのである。

気候変動問題への対処は2つの局面を有する。第1の局面は、

気候変動を抑止するために世界全体の大規模な排出削減の実現(mitigation)である。削減の場所を問わないが、世界的に排出を削減しなければならないという気候変動問題の性質上、諸国家間の国際協力は不可欠である。発展段階も国の状況やニーズも異なる多様な国々が参加し、高い水準の国際協力を実現できる公正な制度を実現できるかが課題となる。現在の「国際共生」の到達点が、将来の「国際共生」の質を規定する。第2の局面は、気候変動対策をとったとしても避けることができず顕在化する気候変動の悪影響への対処(adaptation)である。とりわけ、気候変動の悪影響―例えば、海面上昇や洪水―のリスクに十分に対応する能力のない途上国では、そのリスクが顕在化すると甚大な被害をもたらし、人の生活・生存の基盤を揺るがしかねない。気候変動枠組条約と京都議定書は、こうした気候変動の悪影響に脆弱な国々に対して資金などの支援が提供されるべきことを定めている[5]ものの、現行の国際制度はきわめて限定的で、その対処の多くを各国に委ね、悪影響を被った国・人を救済する国際的仕組みはない[6]。これは「国際共生」という目標の実現にとって大きな障害となる。

　本章では、こうした観点から、現行の気候変動の国際制度の形成過程における諸国間の対立と協調の展開をふまえて、「国際共生」という目標をめざして、気候変動問題への対処に取り組む諸国家間の国際協力の到達点を検討する。そして、経済のグローバル化と新興国の台頭という国際社会の変動が新たに投げかける気候変動への効果的対処に向けた国際協力の課題を論じる。前述の第2の局面―気候変動の悪影響への対処―が国際共生の観点からも重要であることはいうまでもないが、これまでの気候変動交渉において第1の局面―世界的な排出削減―がその中核を占めてきたことから、本章ではこの第1の局面に焦点を当てることとしたい。

## 2 気候変動の国際制度形成における「対立」と「共生」

### (1) 気候変動分野の国際制度——気候変動枠組条約と京都議定書

#### (i) 気候変動枠組条約とその制度形成における対立と共生

　気候変動防止を目的とする最初の条約である気候変動枠組条約は、米国を含む国際社会のほぼすべての国が加入する普遍的な条約である[7]。枠組条約第2条は、「気候系に対して危険な人為的干渉を及ぼすこととならない水準において大気中の温室効果ガスの濃度を安定化させること」を究極的な目的と定める。各国の具体的な数値目標や削減スケジュールを定めてはいないが、締約国会議(COP)やそれを支える事務局などの条約機関を設置し、最新の科学的知見を吟味し、必要な行動を決定することによって、気候変動防止のための国家間の合意の水準を高めていく基礎を提供している[8]。

　枠組条約は、その第3条で、条約の目的を達成しおよび条約を実施するための措置をとるにあたっての指針となる原則を定めている。中でも第3条1項は、「締約国は、衡平の原則に基づき、かつ、それぞれ共通に有しているが差異のある責任及び各国の能力に従い、人類の現在及び将来の世代のために気候系を保護すべきである。したがって、先進締約国は、率先して気候変動及びその悪影響に対処すべきである」と定める。枠組条約策定交渉においては、途上国が気候変動問題に対する先進国の主要な責任(先進国主要責任)論を展開し、それを根拠に気候変動対策の先進国先導論を強く主張した[9]。それに対して、先進国、特に米国は、先進国の責任ではなく、先進国が途上国より相対的に高い能力を有することを根拠とした。しかし、先進国が気候変動対策を先導すべきとの原則そのものは先進国、途上国双方から支持を受け、その結果、前述の枠組条約第3条に定める条約の実施を指導する原則に反映

された。この原則に基づいて、気候変動枠組条約では、附属書I国(先進国と市場経済移行国)にのみ気候変動防止の政策措置の実施を義務づけ、非附属書I国(途上国)との間で義務の内容に差異を設けることとなった。当時、人口で20%ほどを占める先進国が世界の70%以上の温室効果ガスを排出しており、それゆえ、先進国先導論は、条約交渉において相当の説得力を持つものとして受け止められたのであった。

(ii) 京都議定書とその制度形成における対立と共生

京都議定書[10]も基本的に枠組条約の考え方に立つ。京都議定書交渉を始めることを決定しその交渉を枠付けた1995年の第1回締約国会議(COP1)のベルリン・マンデート決定[11]は、枠組条約第3条が定める条約実施の指導原則と条約の基本的構造を引き継ぎ、途上国については、新しい義務は課さないとした。COP1では、枠組条約第2条の究極的な目的に照らして、全体として附属書I国(＝先進国と市場経済移行国)の削減の約束が妥当でないことについては意見が一致していたものの、その約束が強化されるべき程度や新しい約束の設定に向けて交渉を開始することについて意見は異なっていた。欧州諸国や2005年までに先進国による20%削減を打ち出した島嶼国連合(AOSIS)[12]が速やかな議定書交渉開始を主張した[13]のに対し、OPEC諸国、中国などは、現在の義務が十分に履行されていないこと、科学的知見が十分ではないことなどを理由に交渉は時期尚早であると主張した。途上国の排出量が今後増加していくという予測に照らし、途上国にも削減努力を求めるかという点が最大の争点となった。途上国は、共通に有しているが差異のある責任(common but differentiated responsibilityies: CBDR)原則や先進国の義務の履行が進んでいないことを根拠に、こぞって反対した。ドイツは、COP1に先立つ提案で、途上国の多様な分類に応じてそれぞれ義務を課すという考えを採用していた[14]

が、COP1においては、欧州諸国などは途上国に対する新たな義務を課すことについて途上国の立場に同調する態度を見せた。それに対して、米国、オーストラリア、ニュージーランドは、程度の差こそあれ、すべての締約国の削減努力への参加を主張した。条約発効後の最初の締約国会議として、市民の関心が高まり、メディアの関心も高かったこと、そして、こうしたメディアとうまく呼応した環境NGOのメディア戦略が功を奏し、交渉の進展を阻んでいるという評価を回避するよう、米国をはじめいくつかの国家が新たな交渉プロセスを開始する方向にその立場を変容させたことなどがベルリン・マンデート決定を可能にした要因である[15]。EUは、新たな約束を回避したいという途上国の立場に理解を示すことで、新興国は、途上国は開始する交渉の下では新たな約束を負わないことを明確に合意することを条件に、さらなる削減の国際的合意をめざす新たな議定書交渉開始への大連立が可能となったのであった[16]。

ベルリン・マンデート決定の採択により開始した京都議定書交渉においては、米国をはじめとする先進国から、中国、インドといった新興国の排出削減が一層求められるようになる。前述のように、ベルリン・マンデート決定では、途上国は新たな約束は負わないこととなったが、議定書交渉が本格化すると、米国国内では、新たな議定書(後の京都議定書)の下では、新興国、とりわけ中国、インドが排出削減義務を負わないということが議定書締結に対する反対の根拠の一つとされた。1997年7月25日には、国際条約の批准に「助言と同意」を与える米国上院が、途上国が削減義務を負わずに先進国のみが削減義務を負い、米国経済に重大な損害をもたらす議定書には署名すべきでないとするバード＝ヘーゲル決議が賛成95、反対0の大差で採択された[17]。こうした途上国の排出削減努力への強い要求は、先進国、とりわけ米国の排出量は増加し続けていたものの、新興国の排出量が急増し、2015年頃

にも先進国の排出量を途上国の排出量が上回るという予測を背景にしていた。

こうした米国の国内状況を反映して、京都議定書交渉において、米国をはじめ先進国は、それぞれの数値目標設定の交渉とともに、途上国の自主的「参加(削減)」を認める条文案や、一定の経済発展に達した途上国は途上国を「卒業」し、先進国と同様の削減目標を負うとする卒業条項を提案した[18]。加えて、米国は、費用対効果の高い削減を可能にする排出量取引など市場メカニズムを導入することで、米国内での京都議定書批准への合意形成を促進しようとした[19]。それに対して、途上国は、気候変動枠組条約とベルリン・マンデート決定で確認されたCBDRに基づく「先進国主要責任論」を主張し、途上国の経済発展を制約するような合意に反対する立場をとった[20]。また、排出量取引の導入については、先進国が国内での削減を回避して途上国での安価な削減に転嫁してしまうことなどを理由に強く反対し、削減義務は、「主として国内措置により」達成されるべきであると主張した[21]。

こうした交渉の結果1997年12月に採択された京都議定書は、約40カ国の附属書Ⅰ国にのみ、二酸化炭素など6つの温室効果ガスの絶対排出量に上限を設ける形で法的拘束力のある数値目標を課し、新興国を含む途上国は削減策をとることを国際的に義務づけられなかった。他方で、京都議定書の下に、附属書Ⅰに掲げられる先進国と市場経済移行国がその削減目標の達成のために、その国外から排出枠を獲得できる制度である京都メカニズムが設置された。京都メカニズムは、排出削減事業を行い、それによる削減分(の一部)の排出枠を獲得できる①共同実施と②クリーン開発メカニズム(Clean Development Mechanism: CDM)、そして、国外から排出枠を購入する③排出量取引からなる。①共同実施は附属書Ⅰ国において、②クリーン開発メカニズムは非附属書I国(途上国)において事業が行われる。CDMを通じて、附属書I国が自ら、また

は附属書I国が認可した事業者が費用を負担して排出削減事業を行い、それにより途上国は排出を削減することとなった。

(2) 2013年以降の気候変動防止の国際制度

　京都議定書発効後の最初の会合であった2005年のCOP11(モントリオール会議)以降、京都議定書第一約束期間終了後(2013年以降)の国際枠組みをめぐる交渉が本格化した。京都議定書第3条9項に基づく附属書I国の2013年以降の削減目標に関する交渉と、2007年のCOP13(バリ会議)で合意されたバリ行動計画[22]に基づき米国も批准する枠組条約の下での長期的協同行動に関する交渉、という2つのトラックで並行して交渉は進んできた。2013年以降の国際枠組みをめぐる交渉の目標は、京都議定書交渉から離脱した米国と、めざましい経済発展に伴い排出量が急速に増えているにもかかわらず国際的には削減義務のない中国、インドをはじめとする新興国がともに参加し、排出削減に向けた努力を約束する実効的な国際枠組みを構築することにあった。しかしながら、当初合意が目指されていた2009年のコペンハーゲン会議でも、すべての主要排出国の削減義務が明記される法的拘束力のある法的文書の合意には至らなかった[23]。

　2011年のダーバン会議(COP17)で合意されたダーバン・プラットフォーム決定[24]は、「すべての締約国に適用される、条約の下での議定書、別の法的文書又は法的効力を有する合意された成果を作成するプロセスを開始する」ことを決定し、2015年のCOP21に法的文書を採択し、2020年からその効力が発生し、実施されるよう、できるだけ早く、遅くとも2015年までにその作業を完了することを決定した。この決定によって、2020年以降京都議定書に不参加の米国や中国やインドなど新興国が国際的に削減を約束する法的枠組みに向かう道を開いた。

　この決定に伴い、新たな枠組みが始動する2020年までの期間、

EUをはじめとする一部の先進国は京都議定書の制度の下で引き続き法的拘束力を有する削減義務を負うことになる。同時に、京都議定書第二約束期間に削減義務を負わない国も含め、すべての国はカンクン合意に基づきCOPが決定した一連の実施規則[25]の下で排出削減策を進めることとなる。2020年までの期間、仮に京都議定書の下で数値目標は負わなくても、先進国は、自ら定める2020年の削減目標について国際的に説明し、とられた政策、その進捗を報告し、国際的な審査と評価を受けることになる。途上国は、自主的に「その国に適切な排出削減策(Nationally Appropriate Mitigation Actions: NAMA)」をとることとなる。途上国がNAMAを実施するか、どのような対策を実施するかはその自主性に委ねられているが、自主的に提出されたNAMAについては、程度の多少はあれ国際的な報告と検証を受けることとなる[26]。

　このように2020年までの国際枠組みは、先進国と途上国という国の分類に基づく削減義務の差異化という形式的な構造はなお維持しつつも、「国際的に削減を約束する先進国と約束しない途上国」という形での義務の差異化から、自主性と柔軟性に基づいて途上国が排出削減を約束するという形での義務の差異化へと移行しつつある。また、2020年までの国際枠組みにおいて、先進国の中でも、京都議定書第二約束期間に削減目標を負う先進国については京都議定書のアプローチを踏襲し、他方で第二約束期間に削減目標を負わない先進国は、COP決定という国際的には拘束力のない形で約束を掲げ、目標達成の方法、状況など2年に一度、国際的に報告し、国際的評価を受けることになる。京都議定書の制度とカンクン合意に基づくCOP決定に基づく制度は、削減目標の法的性格やその検証・遵守管理の制度が異なっている。他方で、京都議定書第二約束期間の削減目標も、カンクン合意の下での2020年目標も、各国の削減目標の水準はそれぞれの自主的な誓

約によって決定される。その結果、先進国と途上国の間の義務の差異化は相対的なものになっている。一部の途上国からは、先進国の排出削減が遅々として進まない中で、先進国が現在の発展段階に至るまでにこれまで排出してきた責任を曖昧にし、現在発展途上にある途上国の排出増のみ強調し、途上国の経済発展を阻害するような排出削減を課そうとするものであるとの批判も強い。今後、先進国に対して、その歴史的排出に対する責任に基づく大規模な削減と途上国への支援に対する要求が今後より強くなり、気候変動交渉は一層対立的な様相を見せるおそれもある。

　他方で、2020年までの各国の削減目標が自主的な誓約の形で決定されることにより、削減負担の国家間の衡平性が担保されず、気候変動対策コストが異なり、国際競争に影響を与えるおそれがある。そのため、積極的な気候変動対策をとろうとする国が、国際競争への影響を懸念し、十分に気候変動対策をとっていない国に対して、気候変動対策を促す一方的な措置をとる可能性が拡大している[27]。気候変動分野での国際協調の成否は、気候変動の分野に限らず、貿易分野を含め、世界が対立を軸に動いていくのかそれとも国際協調を軸に動いていくのかという今後の世界のありようにも影響を及ぼしうる。

## 3　新興国の台頭と経済のグローバル化による国際制度の変容

（1）新興国の台頭と国際制度の変容
（i）新興国の台頭による気候変動における国際政治力学の変化
　このように、気候変動の国際制度は、気候変動枠組条約と京都議定書を中心とした現行の枠組からそのパラダイムを大きく変容しつつある。ヤング(Oran Young)はその著書において、環境資源レジームの変化を実証的に分析し、環境資源レジームの変容(transformation)を規定する要因を、内生的要因と外生的要因の2

つに区別して論じている[28]が、現在の気候変動の国際枠組みの変容は、ヤングが言うところの外生的要因によるところが大きい。

国際枠組みの近年の変容に特に大きな影響を与えるのは、中国をはじめとする新興国という新たなアクターの急速な経済発展とそれに伴う政治的台頭である。例えば、中国は、1990年から2004年の間に年平均10％の経済成長率を記録し、2010年には、中国の国内総生産(Gross Domestic Product: GDP)は、日本を抜き、米国に次ぐ世界第二の規模を持つようになった。こうした急速な経済発展は、貿易と投資のグローバルな自由化を背景に、先進国への相対的に安価な財の輸出の拡大に依存したものである。新興国は、財の世界的な生産供給拠点となるとともに、エネルギーと資源の消費地となり、それにより環境負荷を生み出す源ともなった。中国の二酸化炭素排出量は、1990年代に緩やかに増加し、2000年以降急速に増加した。2006年には、米国の二酸化炭素排出量を超え、世界最大の排出国となった[29]。

こうした新興国の経済発展は、同時に、その政治的台頭をもたらすことになった。金融分野ではすでに政策決定に決定的な影響力を有するアクターとして米国と中国が「G2」と呼ばれる[30]が、気候変動の分野においても、2009年末のコペンハーゲン会議(COP15)での交渉は、米国と並んで中国が圧倒的な決定力を持っていることを明確に示すものであった[31]。それゆえ最近は気候変動分野においても米中を「G2」と呼ぶ研究者も少なくない[32]。

他方で、新興国の台頭は、途上国間の発展の格差を拡大し、国際枠組み交渉において途上国間の主張の相違を生み出している。中国、インドをはじめとする新興国は、途上国グループの一員という立場を維持しつつ、国際合意が自らの発展を制約しないことを最大の命題に置いて交渉に臨んでいる。しかしながら、気候変動の影響に最も脆弱な後発途上国や島嶼途上国は、新興国の排出増に照らして、新興国に対して削減努力を強化することを強く求

めるようになっている。2009年6月に島嶼国ツバルから出された議定書案は、先進国は京都議定書の下で引き続き削減目標を約束し、京都議定書を批准していない先進国(＝米国)と途上国はこの新たな議定書の下で削減目標や削減行動を実施することを約束するというものである[33]。こうした傾向は、コペンハーゲン会議以降さらに顕著になり、従来の途上国グループ(G77/China)の中には、気候変動交渉の早い時期から長い間交渉グループとして機能してきたAOSIS、後発途上国(LDC)グループ、アフリカグループに加えて、同志途上国(Like Minded Developing Countries: LMDC)グループ[34]、ALBA[35]、AILAC[36]、BASIC[37]、アラブグループといった新しい小グループが多数形成され、しばしば国は複数の小グループに属している。従来であれば、途上国グループとして一つの意見をまとめることで先進国グループに対する発言力を高めて交渉に臨んでいた途上国グループが、途上国間の立場の違いが大きくなり、一つに意見をまとめて交渉に臨むことができなくなっている。このことは、交渉において合意に実質的に関与する国家(アクター)の数を増やすことになり、国家間の合意形成をこれまで以上に難しくしている。コペンハーゲン会議では、主要排出国は同意しながら、途上国の中の数カ国が強力に異議を唱えることで、締約国会議はコペンハーゲン合意を正式に決定できず「留意」するにとどまった。こうしたコペンハーゲン合意をめぐる経過は、新興国の台頭を背景にしたこうした国際政治の構造変化を反映したものと言える。

(ii) 排出削減負担配分の原則の再検討

　こうした国際政治力学の変化は、現行の枠組みの下での排出削減負担配分の原則の見直しを迫る動きにもつながっている。これまでの気候変動に対処する2つの国際条約、気候変動枠組条約と京都議定書は、原則として、温室効果ガスの排出源に管轄権を有

する国家が、その排出の削減に責任を負うという考え方に基づいている。これは、国家主権に基づいて、国家はその領域内で行われるあらゆる活動に対して規制とその執行の権限を有するという従来の国際法の原則にかなうものである。その上で、条約の実施を指導する原則の一つとして、枠組条約第3条1項が定める前述の気候系の保護に対する先進国先導の原則を定め、これが「先進国と途上国の間の責任の差異化」の根拠となった。

新興国の台頭を背景に、先進国は、枠組条約第3条1項の定める、気候系保護のための責任配分の原則として長い間援用されてきたCBDRという原則の存在は認めつつも、「先進国と途上国の間の責任の差異」を強調してきた従来のCBDRの援用から、まずは、責任の共通性を確認した上で、各国の問題への寄与度と問題対処能力に応じて責任を配分すべきであると主張する。こうした主張は、先進国並みに急速に排出を増加させ、経済力をつけてきた新興国にも応分の削減負担を求める意図を持っている。それに対して、新興国からは、「歴史的排出量」に依拠した責任配分（ブラジル提案）など、先進国と新興国の差異を強調し、正当化する提案がなされている[38]。中国は、ここ数年の排出増で、国の歴史的排出量でもアメリカに次ぐ世界2位の排出国になったことから、2009年頃からは「一人あたり累積排出量」に基づく責任配分を主張する[39]。

COP17で採択されたダーバン・プラットフォーム決定は、これまでの主要な決定で言及されていたCBDRや衡平といった概念・原則については言及していない。これをもって「先進国（附属書I国）と途上国（非附属書I国）のファイアウォール（firewall）が崩れた」とも評価されている[40]。確かにこの点は従来の決定文書には見られなかったダーバン・プラットフォーム決定の特質であるが、他方で、その翌年のCOP18の決定2/CP.2[41]の前文では、このダーバンプラットフォーム作業部会（ADP）の作業が、枠組「条約の原則を指針とする」ことを確認しており、その後のADPの作業もいかに

原則を適用するかという論点に議論は移っている。2015年に採択予定の新たな文書が、公正な法制度という観点から原則をどのように適用し、どの国にいかなる義務を課すものかは今後の交渉による。

### (2) 経済のグローバル化と気候変動の国際制度

貿易と投資の自由化の進展の中で、国際競争に置かれ、フリーライダーのおそれがあればなおさら、気候変動対策＝炭素制約が国によって異なる場合、事業者はより環境規制の緩い国に移転する可能性がある。そのことによって、ある国が対策を強化してもその規制対象地域外での排出が規制による減少分を超えて増加し、結果として世界全体の排出量が増大する「カーボン・リーケージ(carbon leakage)」[42]が生じるおそれがある。経済のグローバル化の進展と、主権国家のみが対策を実施する国際的責任を負うこととの矛盾が表れている。

これまでの国際枠組みが採用してきた、発生源(排出源)に管轄権を有することを基礎に国家に排出削減の負担を配分するという論理は、グローバル化する経済の中で、さらに別の角度から問い直しを受けている。新興国は、資源投入、輸出依存型であり、先進国向けの財の生産、供給源となることで経済発展を遂げてきた。例えば、中国の経済発展の一つの要因は、その経済の輸出依存構造にある[43]とされる。中国の輸出額は、世界貿易機関(World Trade Organization: WTO)への加盟後の2002年から2007年まで毎年20%を上回る伸びを示しており[44]、貿易の自由化がその経済発展を支える一要因となっている。他方で、近年の研究は、こうした発展の構造により、新興国の排出量の相当部分を、新興国で生産されるが先進国で消費される財の生産に由来する排出量が占めることを示している。例えば、Peters and Hertwichの研究では、2001年時点で中国の二酸化炭素排出量の24.4%は国外に輸出され

る財の生産から生じる排出量で、中国が他国から財を輸入することで他国において排出される排出量6.6％を差し引いても、17.8％分は他国で消費される財に由来する排出量を中国の排出量として勘定していることになる[45]。下田ほかの研究でも2000年時点の中国の二酸化炭素排出量の約23.4％が海外需要によるものとし、他方で、財の消費地点で排出量を勘定すれば、二酸化炭素発生地点で排出量を勘定するよりも日本は15.7％、アメリカは7.3％上乗せされるとする[46]。渡邉ほかの論文では、中国、東南アジア諸国について、こうした生産から生じる経済的利益は多くがアメリカをはじめ先進国に流出しており、これら生産拠点に帰着するものが少ないことを示している[47]。

こうした「内包炭素（embodied carbon/ embedded carbon）」に関する研究結果は気候変動政策にいくつかの含意を有する。

まず、財のサプライチェーンが多国籍化し、資本が国境を超えて活動を行うグローバル化した経済の下で、いかなる論理で排出削減の責任の配分、帰属を決定するのかという問題を投げかける。これまでのところ、財の消費地点でその財の生産から排出される温室効果ガスを勘定するという提案は、その排出量試算の技術的困難さ[48]、排出量の帰属確定の難しさから公式の交渉での提案とはなっていない。しかし、途上国の排出量の相当部分が先進国での消費に由来する排出量であるという現実だけを見ても、地理的に排出が生じる国に専ら排出削減の責任がある（＝排出削減の費用を負担させる）という論理だけでは、衡平な削減負担配分の根拠とはなり得ず、先進国の排出量を「肩代わり」している途上国の合意を得ることは難しいだろう。実際、中国などからは消費者（国）がその消費する財の生産に伴う排出量に責任を持つべきとの主張も聞かれる[49]。こうしたグローバル化した経済の中でいかなる国際枠組みによって実効的な排出削減を可能にするのかが課題となる。排出源をいかに実効的に規制・管理できるかという観点から

排出削減の責任主体としての主権国家の役割は依然として重要であるが、他方で、国家の発展度合いに応じてではなく、民間の排出者に国を超えて共通する削減義務を課し、国家は民間の排出者による義務の履行を確保するというアプローチがよりグローバル化した経済の実態に合致しているとも言える。

こうした「内包炭素」の持つもう一つの含意は、輸入する財に対する先進国の政策・措置が途上国の排出量に影響を与える可能性があることである。先進国への財の安価な供給の拠点たることが途上国の経済発展を支えるがゆえに、途上国政府には排出抑制のインセンティヴは働きにくい。他方で、輸入財にも適用される規制を導入するとか、消費者が多くの排出を伴う輸入財を選択しなくすることなど、消費側での規制や対応を導入することによって間接的にはあるが当該輸入財を生産する国の排出量を抑制しうる可能性がある。ただし、こうした輸入財に対する規制の導入は、規制の設計の仕方によっては、自由貿易レジームとの緊張関係が生じる可能性がある[50]。そうした観点からは、気候変動問題に対処する国際制度の公正さは、その制度の外側にある関連する制度——例えば自由貿易レジーム——のありようによっても影響を受けることとなる。

## 4 むすび－気候変動時代の国際共生

国際共生という文脈において、気候変動問題の重要性はいうまでもない。問題のグローバルな性質に照らして、諸国家の対立ではなく、高い水準での協調こそが問題解決に必要とされている。他方で、気候変動の原因には、エネルギー起源の二酸化炭素の寄与が大きく、気候変動対策は、エネルギーの生産・消費をはじめ、人間活動、経済活動のあらゆる場面に関わり、国の経済や発展と密接不可分に影響を与える。それゆえ、気候変動交渉は、できる

だけ多くの国の参加(制度の普遍性)を確保することを含め、気候変動問題への対処の実効性を高めるために、発展段階も国の状況やニーズも異なる多様な国々の間で削減努力を配分する公正な制度の構築を追求してきた。しかし、新興国の台頭を背景とした国際政治力学の変化は、気候変動に対処するための諸国にとって公正な制度に関する合意を難しくしている。さらに、経済のグローバル化は、これまでの制度では公正さを担保できない現実を生み出し、これまで国際制度が基礎としてきたCBDRといった原則の適用のあり方にも変化を迫り、さらには、温室効果ガスの排出を主権国家が実効的に規制する能力の限界も垣間見える。こうした文脈においては、長期的には、主権国家間で削減努力をいかに衡平、公正に配分するかを追求する制度から、所在する国にかかわらず排出源(排出者)が共通のルールに従って削減努力を行い、国家はその履行を担保するような、新しいタイプの国際制度への変革が求められているように思われる。制度間の相互作用を考えると、こうした変革の要請は、前述したように単に気候変動の国際制度に対するものにとどまるものではない。

　本章ではとりあげることができなかったが、気候変動に関連して生じていると考えられる損害—例えば、異常気象起因の災害による損害など—を被った人の救済や、途上国の排出削減策や悪影響への適応策を支援する資金制度など、国際共生という観点からはさらなる検討を要する課題は少なくない。国際社会の状況変化に対応する効果的な気候変動の制度はいかなるものか、そうした制度にいかに移行するか—気候変動問題に効果的に対処し、国際共生の実現のための公正な制度構築に国際法がその役割を演じることが一層期待されている。

### [註と引用参考文献]

1 ：*Legality of the Threat or Use of Nuclear Weapons*, Advisory Opinion of 8 July 1996, ICJ Reports 1996, p. 19, para. 29.
2 ：*IPCC Fourth Assessment Report. Climate Change 2007: Impacts, Adaptation and Vulnerability* (2007).
3 ：McMichael, A. J. et al., *Climate change and human health: risks and responses*, (World Health Organization 2003).
4 ：拙稿「持続可能な発展(SD)をめぐる法的問題」森島昭夫・大塚直・北村喜宣編『増刊　ジュリスト　新世紀の展望2　環境問題の行方』36-41頁(1999年)
5 ：例えば、気候変動枠組条約第4条4項、8項は、気候変動の悪影響に特に脆弱な途上国が適応策を行う費用を先進国が支援する義務を定めているが、具体的にどの先進国がどの途上国のどのような費用をどの程度支援するのか曖昧な規定となっている。実際のところ、適応策の支援は、気候変動枠組条約の下で2001年に設置された気候変動特別基金と後発途上国基金、京都議定書の下で設置された適応基金、2010年のカンクン合意に基づくカンクン適応枠組みなど、COP決定の積み重ねにより制度化されているものの、いまだ明確なルールは構築できていない。
6 ：詳細は、Takamura, Yukari, "Climate Change and Small Island Claims in the Pacific", Ruppel, O.C. et al. eds., *Climate Change: International Law and Global Governance* Volume I Legal Responses and Global Responsibility (Nomos Publishers, Forthcoming 2013).
7 ：1992年5月6日採択、1994年3月21日効力発生。2013年5月31日現在、締約国は194カ国とEUである。
8 ：高村ゆかり・亀山康子編著『京都議定書の国際制度』信山社(2002年)
9 ：Bodansky, Daniel, "The United Nations Framework Convention on Climate Change: A Commentary," *Yale Journal of International Law*, Vol.18 , No. 2, Summer, pp.451-558 (1993).
10：1997年12月11日採択、2005年2月16日効力発生。2013年5月31日現在、締約国は、191カ国とEUである。米国が批准しておらず、カナダが2012年12月に脱退した。
11：UNFCCC COP Decision 1/CP. 1, FCCC/CP/1995/7/Add.1, p. 4.
12：島嶼国連合(AOSIS)は、39カ国のメンバーと4つの地域(オブザーバー)からなる気候変動交渉での交渉グループ。気候変動の悪影響に最も脆

弱な国々と地域からなり、迅速かつ大幅な排出削減を強く求めている。
13：A/AC.237/L.23. AOSIS提案の主な特徴は、①先進国は2005年までに少なくとも20％削減、②途上国への追加的約束はなしなどであった。
14：A/AC.237/L.23/Add.1.
15：Oberthür, Sebastian, and H. E. Ott, *The Kyoto Protocol: International Climate Policy for the 21st Century* (Springer, 1999); Grubb, Michael, et al., *The Kyoto Protocol: A Guide and Assessment* (The Royal Institute of International Affairs, 1999).
16：Grubb, M. et al. (1999).
17：Byrd-Hagel Resolution, Sponsored by Senator Robert Byrd (D-WV) and Senator Chuck Hagel (R-NE), Expressing the sense of the Senate regarding the conditions for the United States becoming a signatory to any international agreement on greenhouse gas emissions under the United Nations. http://www.nationalcenter.org/KyotoSenate.html（2013年5月31日参照。以下特に断りのない場合には同日に参照した）。
18：Depledge, Joanna, *Tracing the Origins of the Kyoto Protocol: An Article-by-article Textual History*, Technical paper, FCCC/TP/2000/2, 25 November 2000.
19：*Ibid*.
20：例えば、途上国の自主的約束に関するCOP3（京都会議）での途上国の立場について、Report of the Third Conference of the Parties to the United Nations Framework Convention on Climate Change: 1 – 11 December 1997, *Earth Negotiations Bulletin*, Vol 12, No 76, 13 December 1997. http://www.iisd.ca/download/pdf/enb1276e.pdf
21：例えば、FCCC/AGBM/1997/MISC.1/Add.8.及びDepledge(2000).
22：UNFCCC COP Decision 1/CP.13 Bali Action Plan, FCCC/CP/2007/6/Add.1, p. 3.
23：会議の詳細と評価については、拙稿「コペンハーゲン会議の評価とその後の温暖化交渉の課題」『環境と公害』39巻4号、46–50頁(2010年)
24：UNFCCC, COP Decision 1/CP.17, Establishment of an Ad Hoc Working Group on the Durban Platform for Enhanced Action, 11 December 2011 (2011).
25：UNFCCC, COP Decision 2/CP.17 Outcome of the work of the Ad Hoc Working Group on Long-term Cooperative Action under the Convention, 11 December 2011 (2011).

26：拙稿「ダーバン会議(COP17)の合意とその法的含意：気候変動の国際レジームの課題」『環境共生』Vol. 19、2012.2.29、14-22頁（2012年）
27：拙稿「気候変動分野における国境調整措置とそのWTO協定適合性」松田竹男・田中則夫・薬師寺公夫・坂元茂樹編『現代国際法の思想と構造 II 環境、海洋、刑事、紛争、展望』東信堂(2012年)52-74頁。
28：Young, Oran R., *Institutional Dynamics*, pp. 13-16 (The MIT Press, 2010).
29：1990年以降の国別排出量変化について、World Resources Institute, Earth Trends and Climate Analysis Indicators Tool (CAIT) Version 9.0. http://cait.wri.org/。2008年の世界の二酸化炭素排出量(国別排出割合) http://www.jccca.org/chart/chart03_01.html
30：Garrett, Geoffrey, "G2 in G20: China, the United States and the World after the Global Financial Crisis" *Global Policy*, Vol. 1, Issue 1, p. 29 (2010).
31：前掲註23。
32：例えば、Falkner, Robert, Hannes Stephan and John Vogler, "International Climate Policy after Copenhagen: Towards a 'Building Blocks' Approach," *Global Policy*, Vol. 1. Issue 3, pp. 252-262 (2010).
33：UNFCCC, Draft protocol to the Convention presented by the Government of Tuvalu under Article 17 of the Convention, FCCC/CP/2009/4, 5 June 2009.
34：中国、インド、ベネズエラなどのALBA諸国(後述)、サウジアラビア、マレーシア、フィリピンなどからなる。先進国の義務の履行や歴史的排出の責任を特に強調して主張する。
35：Alianza Bolivariana para los Pueblos de Nuestra America. 構成国は、アンティグア・バーブーダ、ボリビア、キューバ、ドミニカ、エクアドル、ホンジュラス、ニカラグア、セントビンセント・グレナディーン、ベネズエラ。
36：Independent Alliance of Latin America and the Caribbean. チリ、コロンビア、コスタリカ、グアテマラ、パナマ、ペルーからなる。
37：ブラジル、南アフリカ、インド、中国からなるグループ。いわゆる新興国グループである。
38：久保田泉「ブラジル提案」高村ゆかり・亀山康子『地球温暖化交渉の行方』大学図書(2005年)、195-199頁。
39：例えば、2009年6月の気候変動枠組条約第30回補助機関会合の中

国から推薦された清華大学研究者の報告はこうした趣旨のものである。http://unfccc2.meta-fusion.com/kongresse/090601_SB30_Bonn/downl/090604china.pdf. また最近のものとして、中国・国家発展改革委員会のエネルギー研究所の研究者による下記の論文も同旨である。Shengmin Yu, Xiang Gao, Cuimei Ma, Lihua Zhai, "Study on the Concept of Per Capita Cumulative Emissions and Allocation Options", *Climate Change Research* 2(2), pp. 79-85 (2011).

40：Sterk, Wolfgang, Chirtof Arens, Florian Mersmann, Hanna Wang-Helmreich, Timon Wehnert, *On the Road Again: Progressive Countries Score a Realpolitik Victory in Durban While the Real Climate Continues to Heat Up*, p. 30 (Wuppertal Institute for Climate, Environment and Energy, 2011).

41：UNFCCC COP Decision 2/CP.18 Advancing the Durban Platform, FCCC/CP/2012/8/Add.1, pp. 19-20.

42：カーボン・リーケージは、多様な経路で生じる。ある国が気候変動対策を強化、例えば、炭素税を課税することによって化石燃料価格が上昇し、そのために企業が生産拠点を気候変動対策が緩やかな国に移転し、その結果、対策の強化によって削減される以上に、当該国外で排出量が増加するという形で生じる。また、気候変動対策の強化によって化石燃料の需要が減ることで化石燃料価格が下落し、それによって気候変動対策をとっていない国で化石燃料の使用が増加して排出量が増えるという形もありうる。Metz, Bert, et al. eds., *Climate Change 2007: Mitigation of Climate Change*, p. 665 (Cambridge University Press, 2007). すべての国が等しい強度で気候変動対策を強化した場合には、対策強化に伴い、各国において対策を求められる企業のコスト負担は増加するもののカーボン・リーケージは生じない。

43：経済産業省『通商白書』2009年版、49-50頁。

44：前掲註43、50頁。

45：Peters, Glen P. and Edgar G. Hertwich, "CO2 Embodied in International Trade with Implications for Global Climate Policy" *Environmental Science and Technology*, Vol 42, No. 5, pp. 1401-1407 (2008).

46：下田充・渡邉隆俊・叶作義・藤川清史「東アジアの環境負荷の相互依存」森晶寿編著『東アジアの経済発展と環境政策』ミネルヴァ書房(2010年)40-57頁。同様な現象は、大気汚染物質の排出についても該当する。東

野達・大原利眞・谷晃・南齋規介・奥村智憲・西澤匡人・小南祐志「社会経済活動のグローバル化を考慮したエアロゾル排出源の評価」『文部科学省科学研究補助金新学術領域研究4003「東アジアにおけるエアロゾルの植物・人間系へのインパクト」平成23年度研究成果報告書』(2012年)、21-28頁。

47：渡邉隆俊・下田充・藤川清史「東アジアの国際分業構造—付加価値の究極的配分—」(森晶寿編著『東アジアの経済発展と環境政策』ミネルヴァ書房(2010年)、21-39頁。

48：Kejun, Jiang, Aaron Cosbey and Deborah Murphy, *Embedded Carbon in Traded Goods*, pp. 1-4 (International Institute for Sustainable Development, 2008).

49：例えば、International Centre for Trade and Sustainable Development (ICTSD), "Who Should Pay for Embedded Carbon?" *News and Analysis*, Vol. 13 , No. 1 (2009).

50：特に国境調整措置に関する検討について、前掲註27「気候変動分野における国境調整措置とそのWTO協定適合性」52-74頁。基本的な論点は共通している。

## 国際共生の課題―気象関連自然災害にいかに対処するか

　この間、「観測史上初めて(の降水量/最高気温など)」といった報道をよく耳にする。こうした「観測史上初めて」の気象現象や数十年に一度発生するような極端現象のすべてが気候変動に起因すると科学的に証明するのはなかなか難しいが、世界的に見ても気象関連の自然災害による損害額は確実に増加傾向にある。損害額も大きく、2005年のハリケーン・カトリーナの経済損失は約1300億米ドルに達する。こうした災害への適応能力が十分でない途上国は、一度の極端現象でその国の年GDP数倍に相当する損失を被ることもある。1988年のハリケーンでセントルシアは年GDPの413％、2004年のハリケーンでグレナダは年GDPの204％に相当する損害を被った。バングラデシュでは洪水・高潮による年々の損失額がGDPの5％に達するとされる。気象関連の自然災害は途上国の発展の大きな足かせとなっている。

　こうした気象関連自然災害への対処は、個人と社会全体の福利の恒常的改善をめざす国際共生の大きな課題である。気候変動がその発生に寄与をしている可能性があるが、損害のすべてを気候変動起因と証明するのは難しい。気候変動の国際制度だけでなしうる活動・支援も限定される。災害リスクの低減と準備、災害時の救援、復興支援など、国連国際防災戦略をはじめとする関連国際機関・制度との連携を強化し、国際社会全体としてこうした災害への対応能力を高める必要がある。

# 第4部

## 開発と国際共生

# 第7章
## 2015年以降の開発アジェンダへ向けた国際協力のあり方

勝間　靖

## 1　はじめに―国際共生のための国際開発

　私たちが住む国際社会においては、戦争・内戦・テロなどの暴力がない平和を実現するという課題、極度な貧困の根絶や持続可能な生態系という開発の課題、すべての人が尊厳をもって生きられるという人権をめぐる課題がいまだに残っている。平和・開発・人権という三つの地球規模の課題は、相互に関連しており、個別に取り組むよりも、包括的にアプローチしていく必要がある。その際、人間を中心として位置づけ、人びと自身のエンパワーメント(empowerment、力をつける)と同時に、政府などによる脆弱な人びとの保護を促進すべきという「人間の安全保障(human security)」の考え方が有力になってきている。

　人類および生態系への脅威が深刻化するなか、こうした地球規模課題の解決のためには、国際社会における多様な行為主体が、パートナーシップを強化して、相互に協働しなくてはならない。国家や国際機関だけでなく、市民社会から生まれたNGOや財団のほか、民間企業も、地球規模課題の解決において大きな役割を果たす可能性をもっている。とくに、官と民のパートナーシップ(public-private partnership)の強化は今後の国際協力の形態として重要である。

こうしたなか、地球において共に生きるという視点、つまり「国際共生」の概念が注目されるようになってきた。人類が共に生きるだけでなく、生態系と共に生きるということも含めた「共生する国際社会」をあえて英訳するならば、Symbiotic Global Societyとなるのではないだろうか。

本章では、国際共生を、「国際社会において、人類および生態系への脅威となっている地球規模課題の解決をめぐって世界共通の目標が設定されたのち、その目標達成のために、資金コミットメントがおこなわれ、制度的な枠組みが形成されるなか、多様な行為主体がパートナーシップを形成しながら協働していくプロセス(過程)」と捉える。本節のテーマである国際開発に当てはめると、「極度な貧困や飢餓をなくすために国際開発目標が設定されたのち、その目標達成に必要とされる資金を調達するために政府開発援助(official development assistance: ODA)などの資金コミットメントがおこなわれ、国際援助協調の枠組みが形成されるなか、多様な行為主体がパートナーシップを形成しながら協働していくプロセス」と理解することができる。

## 2　国際共生へ向けた国際開発目標の形成

国際社会において、人類および生態系への脅威となっている地球規模課題の一つとして、1995年以降に「貧困をなくす開発」が重視されるようになった。「貧困をなくす開発」のための国際開発目標を見ると、1995年以前から合意されていた人間開発のための基礎的な社会サービスの拡充が含まれている。近年では、「貧困をなくす開発」に単独で取り組むよりも、平和や人権などの他の地球規模課題とともに、包括的にアプローチすべきという「人間の安全保障」の考え方が定着してきている。こうした「貧困をなくす開発」をめぐる展開は、国際共生の意識の高まりを反映していると

言える。

## (1) 地球規模課題としての「貧困をなくす開発」

　従来、開発援助においては、開発途上国(以下、途上国)の経済成長の促進が重視されていた。そこでは、経済成長の結果として追加的に生み出された富が、貧困層を間接的に裨益すると仮定されていた[1]。しかし、経済成長が必ずしも貧困問題の解消をもたらしていないことが明らかになると、1995年以降、開発援助を実施する主要な行為主体は、直接的な貧困削減に焦点を絞るようになっていった。

　国連とその加盟国は、1995年にコペンハーゲンで開催された「社会開発のための世界サミット」において、雇用や基礎的な社会サービスを重視した。このことは、2000年にニューヨークで開催された国連ミレニアム・サミットの採択文書『国連ミレニアム宣言』でも受け継がれている。その「開発と貧困」に関する記述を具体化したものとして、ミレニアム開発目標(millennium development goals: MDGs)という国際開発目標がある。そこでは、極度の貧困と飢餓の根絶、子どもと女性の健康、感染症対策、子どもの教育、女性のエンパワーメント、環境の持続可能性の確保、開発のための世界的なパートナーシップなどについて、2015年までに達成すべき目標・ターゲット・指標が設定されている[2]。

　世界銀行は、ワシントンDCに本部をもつ国際開発金融機関であるが、ウォルフェンソン総裁(当時)在任中の1996年以降、貧困削減を重視するようになった。1998年に包括的開発枠組み(comprehensive development framework: CDF)が提案されたのち、2000年から貧困削減文書(poverty reduction strategy paper: PRSP)の枠組みが導入されるようになった。また、同年に、**重債務貧困国**(highly indebted poor countries: HIPCs)イニシアティブが立ち上げられ、過剰な債務に苦しむ低所得国の救済が進められた。その後、

世界銀行グループのなかでも最貧困国を対象とする国際開発協会(IDA)は、新たな増資の際に、従来からの融資に加えて贈与も導入した。

ODAをおこなう先進国は、フランスのパリに本部をもつ経済協力開発機構(OECD)のなかに設置された開発援助委員会(DAC)のメンバーとなっている。そこでは、1996年に『新開発戦略〜21世紀へ向けて』が作成されている。その内容は、MDGsを先取りするものであった。

以上のように、ニューヨークを中心とする国連、ワシントンDCを中心とする世界銀行、パリを中心とするOECD-DACのいずれにおいても、1995〜1996年頃、「貧困をなくす開発」が地球規模課題の一つとして重視されるようになった。

(2) 人間開発分野を中心とした国際開発目標の形成

国連、世界銀行、OECD-DACにおける「貧困をなくす開発」のための国際開発目標を見ると、そのなかには人間開発のための基礎的な社会サービスの拡充が含まれている。しかし、人間開発の重要性についての国際的な合意は、1995年より以前に遡ることができる。それは、国連のなかでも、世界保健機関(WHO)、国連教育科学文化機関(UNESCO)、国連児童基金(UNICEF)などの主導による合意形成であった。

WHOは、世界各国の保健大臣との協議に基づき、国際保健政策を策定する。1978年には、『アルマアタ宣言』を採択し、「すべての人びとに健康を」という視点からプライマリ・ヘルスケア(primary health care: PHC)の概念を導入した。従来は一部の豊かな人のみが利用できる高度な医療のために国際保健協力がおこなわれることが多かったが、今後は「すべての人びとに健康を」もたらすための基礎的な保健医療サービスを拡充することで国際的な合意が得られた。

UNESCOは、教育・科学・文化の分野での国際協力を推進するが、そのなかでも教育においては、世界各国の教育大臣との協議に基づき、国際教育政策を策定する。1990年には、UNICEF、国連開発計画(UNDP)、世界銀行と共催した世界会議において、「すべての人びとに教育を(education for all: EFA)」もたらすという『ジョムティエン宣言』が採択された。従来は一部の豊かな人のみが利用できる高等教育のために国際教育協力がおこなわれる傾向があったが、今後は「すべての人びとに教育を」提供できるように基礎的な教育サービスを拡充することで国際的な合意が得られた。その際、とくにUNICEFは、女子教育の拡充に意欲を示した[3]。EFAへ向けた進捗状況と残された課題を踏まえて、10年後の2000年には、2015年までに達成すべき目標を設定する「ダカール行動枠組み」が採択された。

UNICEFは、1989年に国連総会で決議された『子どもの権利条約』を実現するために、子どものための国際的な協力枠組みを構築してきている[4]。そのなかで、「子どものための世界サミット」(1990)の採択文書を具体的な国際開発目標とした。それは、2002年の国連子ども特別総会において、進捗状況と残された課題を踏まえて、「子どもにふさわしい世界を(*A World Fit for Children*)」という文書に引き継がれることになった。

以上にあげだ『アルマアタ宣言』(1978)、『ジョムティエン宣言』(1990)、「子どものための世界サミット」採択文書(1990)に含まれている国連主導による人間開発目標は、1996年のOECD-DAC『新開発戦略』を経て、ODAをおこなう先進国に共有されるようになった。そして、『新開発戦略』に含まれる国際開発目標は、国連加盟国が集う国連総会において『国連ミレニアム宣言』(2000)に収斂され、その国際開発目標が今日のMDGsとして再編成されていることになる。

## (3) 平和・開発・人権への「人間の安全保障」の視点

「貧困をなくす開発」が地球規模課題の一つとして重要なことに異論はないだろう。しかし、今後は、国際開発に単独で取り組むのではなく、平和や人権という他の地球規模課題とともに、包括的にアプローチする必要が指摘されるようになった。その際、人間に焦点を絞り、脆弱な人びとが強靱になれるようなエンパワーメントと、政府などによる脆弱な人びとの脅威からの保護とを同時に促進すべきという「人間の安全保障」の考え方が定着してきている。

「人間の安全保障」という言葉が最初に広く知られるようになった契機は、UNDPによる『人間開発報告書1994年版』の発行である。冷戦の終焉後、国内紛争の激化とグローバル化の進展という文脈において、「恐怖からの自由」と「欠乏からの自由」という二つの側面から、人間を中心として包括的に安全を保障する新しい国際社会のあり方が提唱された[5]。これは、国際社会における国際共生の意識を反映したものだと言える。

日本は、UNDPが提唱した包括的な「人間の安全保障」の概念を受け継ぎ、2000年の国連ミレニアム総会において外交の柱に据えることを宣言した。その内容については、緒方貞子とアマルティア・センを共同議長とする「人間の安全保障委員会」で議論が続けられ、2003年に報告書が提出された[6]。これと同時期に、日本の主導によって、同様の関心をもつ国連加盟国から構成される「人間の安全保障フレンズ」が形成された。こうした文脈において、2005年の世界サミット採択文書のパラグラフ143に、「すべての個人、とくに脆弱な人びとは、①恐怖からの自由、②欠乏からの自由、③すべての人権を享受して人間としての潜在力を十分に発達させるための平等な機会、への権利をもつ」という「人間の安全保障」の考え方が盛り込まれた。このことは、国連において「人間の安全保障」の概念を定着させるうえで決定的に重要であった。

さらに、2012年の国連総会の「人間の安全保障に関する決議」は、2005年の「人間の安全保障」の定義に基づき、その具体的な内容について国連加盟国が合意したものとして、国際共生の視点から重要である。「人間の安全保障」は、すべての人びととコミュニティの保護およびエンパワーメントを強化するような、人間中心・包括的・状況別・予防志向の対応を求める。そこでは、平和・開発・人権の相互連関性が重視されている。

### (4)「貧困をなくす開発」と国際共生

冷戦後の世界におけるアジェンダとしての「貧困をなくす開発」は、二つの意味で国際共生の意識の高まりを反映している。

第一に、冷戦の終焉後、国家間の戦争から国内での紛争やテロへと、平和という地球規模課題の特徴が変容してきた。イデオロギーやパワーをめぐる国家間戦争が数のうえでは減少するなか、経済的資源をめぐる国内紛争が増加しているとも言われている。その結果、紛争と貧困との関係性が注目されるようになってきた。たとえば、先進国で消費される希少資源や鉱物をめぐって、それが採掘される途上国において紛争がまん延し、子どもが兵士として徴兵されるといった事例が報告されている[7]。私たちが毎日のように使う携帯電話の部品に不可欠なコルタン、婚約指輪に用いられることが多いダイヤモンドが、実は途上国における紛争や貧困とつながっていることに気づいたとき、国際共生の意識が芽生えるであろう。

第二に、グローバル化の時代における格差(国際的および国内的)の顕在化とそれに起因する国際共生意識の高まりによって、「貧困をなくす開発」という国際共生のための国際開発目標の設定、資金調達、国際援助協調の枠組み、多様な行為主体によるパートナーシップ形成が促されている。情報コミュニケーション技術の飛躍的な発達の結果、とくにインターネットへのアクセスを通して、

地理的に遠い国で起こっている貧困についても、同じ「地球村」で共に生きる人類への人権剥奪または不正義として憤りを感じ、国際共生を意識するようになってきた。

このように見てくると、MDGsのあとの2015年以降の開発アジェンダの行方を考える際に、国際開発目標としてのMDGsの単なる更新でよいのか、それとも平和や人権と開発との相互関連性を踏まえたうえで、国際共生へ向けたより包括的なアジェンダを設定すべきではないか、という問題意識が生まれてくる。また、2012年の「国連持続可能な開発会議(リオ＋20)」成果文書に基づき、持続可能な開発目標(sustainable development goals: SDGs)の設定が目指されるようになり、これを2015年以降の開発アジェンダへいかに取り込むかも活発に議論されている。

## 3　国際開発目標への資金コミットメント

地球規模課題としての「貧困をなくす開発」に取り組むために、国際社会において国際開発目標やMDGsが設定されていることは歓迎される。しかし、そうした目標を達成するための開発資金がなければ、実現不可能な「絵に描いた餅」になってしまう。開発資金のために、①先進国によるODA、②途上国自身による予算措置、③革新的な資金調達などを増やす国際的なコミットメントがおこなわれてきた。

### (1) 開発援助への資金協力と人間開発分野の重点化

①と②との関連で、社会開発のための世界サミット(1995)では、「20/20イニシアティブ」が立ち上げられた。これは、先進国が供与するODAの20％、途上国政府の予算の20％を、人間開発に必要とされる基礎的な社会サービスへ重点的に配分しようという国際的な取組みであった。先進国のODAについては各国からの報告

を受けたOECD-DACがフォローアップした。途上国政府の予算については、とくにラテンアメリカ諸国でUNICEFが分析しようと試み、いくつかの報告書が作成された。しかし、今日まで、その実行についてあまり厳密に監視されてこなかった。

　2000年に『国連ミレニアム宣言』が採択されて、それまでの国際開発目標がMDGsに収斂されたのち、2002年、それに必要とされる開発資金についての国連開発資金国際会議がメキシコで開催された。そこでの資金コミットメントは「モンテレー合意」と呼ばれている。その一つとして、従来から議論されてきたことであるが、ODAを対国民総所得（gross national income: GNI）比0.7%にまで引き上げることにつき、先進国は合意した。このODAの対GNI比0.7%については、2005年の世界サミットにおいても繰り返し議論され、そこで先進国は2015年までに実現することを国際公約した。

　もう一つの資金コミットメントは、国際教育政策である『ジョムティエン宣言』や「ダカール行動枠組み」との関連で、EFAファスト・トラック・イニシアティブ（EFA-fast track initiative: EFA-FTI）として結実した。これは、世界銀行が進めてきたPRSPの枠組みを受け入れ、EFAのための基礎教育開発戦略を策定した途上国に対して、教育開発資金を優先的に配分するというものである。EFA-FTIは、2011年に名称を変更し、現在では「教育のためのグローバル・パートナーシップ」と呼ばれている。

（2）保健分野における人間開発へ向けた革新的な資金調達
　③との関連で、PHCを中心とする国際保健政策を実施するために必要とされる資金コミットメントについては、先進国による保健分野へのODA拠出額の増加に加えて、組織や制度のうえでの革新が見られた。

　第一に、世界三大感染症とも呼ばれるHIV／エイズ、結核、マラリアを制圧するために、2000年の沖縄・九州G8サミットにお

いて、世界エイズ・結核・マラリア基金(GFATM)の創設が決まり、2002年に活動を開始した。この国連ではない国際機関によって、これらの感染症対策のための資金調達が集中的におこなわれ、その金額も大幅に伸びた。

第二に、世界経済フォーラム年次会議(ダボス会議)での提案に基づき、2000年、予防接種のための世界同盟(GAVI)という国際機関が創設された。当初は政府からの任意拠出に依存していたが、2003年の英国の提案に基づき西欧・北欧の主要国が推進した結果、GAVIのための「ワクチン債」が2006年にスタートした。将来のODAを担保とした債権を証券市場で発行し、調達された資金を途上国が必要とするワクチンの購入に充てるというものである[8]。

第三に、航空券連帯税というグローバル・タックスの方式が誕生している。2006年からフランスで実施されるようになったが、その後、カメルーン、コンゴ、チリ、マダガスカル、マリ、モーリシャス、ニジェール、韓国でも開始されている。これは、飛行機を利用する比較的に豊かな人びとに課税し、その税収を国際医薬品購入ファシリティ(UNITAID)という国際機関に納入し、三大感染症で苦しむ貧しい人の治療に使うというものである[9]。

## 4　国際開発の協力枠組みと行為主体

国際開発目標を達成するための協力の枠組みについて、①ODAの類型化と②国際援助協調の枠組みという二つの側面から見ることができる。そして、国際開発に参画する行為主体は多様化しており、近年、「援助国＝先進国」および「被援助国＝途上国」という単純な図式は当てはまらなくなっている。また、国家以外に、市民社会からの動きが活発化していることが注目される。

### (1) ODAの類型化

先進国が途上国へODAを供与するとき、その形態はいくつかの観点から類型化することが可能である。

一つは、二国間協力か多国間協力かという類型化である。二国間協力は、日本からアフガニスタンへのODA供与というように、バイラテラル(bilateral)な経路で、バイの援助とも略される。日本の場合、国際協力機構(JICA)が主な援助実施機関となる。これに対して、多国間協力は、国際開発金融機関(世界銀行など)への出資や、国連などの国際機関への拠出であり、マルチラテラル(multilateral)な経路で、マルチの援助とも略される。

もう一つは、無償資金協力(開発資金贈与と技術協力)と有償資金協力(低金利での融資)の違いがある。日本の場合、現在では主にJICAが無償および有償の両方の資金協力を実施している。

いずれの類型であろうと、多くの先進国と国際機関が同じ途上国に対して国際援助をおこなおうとするなか、援助機関側における重複が指摘されたほか、途上国の優先課題との不一致が見られた。それを受けて、国際援助協調のための枠組みが展開してきた。

### (2) 国際機関による国際援助協調の枠組み

国連は、まず本部レベルにおいて、関連するすべての国連機関の方向性をまとめるため、国連開発グループ(UNDG)を設置した。さらに、フィールドのレベルにおいて、それぞれの途上国に国連カントリーチームを設置し、常駐調整官をトップとする一つの国連を途上国政府に印象づけた。それぞれの国連カントリーチームは、共通国別アセスメント(common country assessment: CCA)や国連開発援助枠組み(United Nations development assistance framework: UNDAF)などを使って、その国におけるMDGs達成へ向けた優先課題を共同で把握し、その解決へ向けた役割分担を決めるように

なった。さらに、国連が「一丸となっての支援」を途上国に対して実施できるよう、模索が続いている。

表7-1 国際援助協調の枠組みの展開

| | 国連 | 世界銀行 | OECD-DAC |
|---|---|---|---|
| 1978 | アルマアタ宣言 | | |
| 1990 | ジョムティエン宣言 | | |
| | 子どものための世界サミット | | |
| 1995 | 20/20イニシアティブ | | |
| 1996 | | 貧困削減の重視 | 新開発戦略〜21世紀へ向けて |
| 1997 | UNDG設置，CCA／UNDAF導入 | | 1990年代後半にDAC加盟国が教育SWAp，保健SWiMの導入を推進 |
| 1998 | | 包括的開発枠組み（CDF）の提案 | |
| 2000 | ダカール行動枠組み | | |
| | 国連ミレニアム宣言，MDGs設定 | PRSPの枠組み導入，重債務貧困国（HIPCs）イニシアティブ | |
| 2001 | MDGsとPRSPの連携で合意 | | |
| 2002 | 子どもにふさわしい世界を；モンテレー合意 | EFA-FTI導入，IDA第13次増資（贈与を導入，全体の20%まで） | |
| 2003 | | | ローマ調和化宣言 |
| 2005 | | IDA第14次増資（贈与比率を拡大） | パリ援助効果宣言 |
| 2006 | 「一丸となっての支援」報告書 | | |
| 2008 | | | アクラ行動計画 |
| 2011 | | | 釜山成果文書 |
| 2012 | 国連持続可能な開発会議（リオ＋20）成果文書 →SDGs設定へ | | |
| 2015 | ポスト2015年開発アジェンダ | | |

世界銀行は途上国に対してPRSPを作成するよう奨励し、その貧困削減戦略に沿った協力を展開しようとしている。2001年には、国連と世界銀行との間でMDGsとPRSPの連携が合意されている。

OECD-DACは、1990年代後半に、教育や保健といった国際援助が集中しやすい分野について、セクター（分野）ごとのアプローチや管理(sector-wide approach: SWAp; sector-wide management: SWiM)の導入を推進した。そして、とくに『パリ援助効果宣言』以降、DAC加盟の援助国に対して、援助の調和化(harmonization)、被援助国の国内制度に合致(alignment)した援助、途上国のオーナーシップ、援助効果の成果重視を求めている（表7-1参照）。

(3) 国家の多様化

先進国を中心とした援助国は、二国間協力において、OECD-DACのガイドラインに基づき、援助の調和化(harmonization)などの国際援助協調に努めることになる。これに対して、途上国を中心とした被援助国は、自国のオーナーシップを強化するように求められる一方で、援助国に対して国内制度への合致(alignment)を要求するようになる。

こうした従来の「援助国＝先進国」および「被援助国＝途上国」という単純な図式では、近年における実態を正確に表すことができなくなってきた。つまり、新興援助国が次々と登場してきたのである。そもそも、被援助国が援助国へと転換した先例は日本である。そして、近年になって、新たな新興援助国が増えてきている。2010年、韓国はOECD-DACの24番目の加盟国となり、正式に援助国と位置づけられるようになった。また、東南アジア諸国連合(ASEAN)においては、タイが近隣のメコン川流域諸国に対して援助を供与するようになった。さらに、中国は「経済協力」という名のもとに、OECD-DACのガイドラインとは相容れない援助をおこなっている。

## （4）市民社会からの動き

国際NGOによる、途上国でのフィールド実践と、国際機関や国家を主な対象とした政策アドボカシーが顕著になってきている。2005年以降、MDGsの達成へ向けて、「貧困に対して行動するための世界的な呼びかけ」（Global Call to Action against Poverty: GCAP）のネットワークが世界130カ国以上に広がってきた。日本においては、2009年より、70のNGOで構成される「動く→動かす」がGCAPと連携している。また、国際教育協力に従事する日本の22のNGOは、教育協力NGOネットワーク（Japan NGO Network for Education: JNNE）を構成し、共同研究や共通ガイドラインの作成などをおこなっている

また、近年の顕著な傾向に、豊富な資金をもつ財団が、政府・国際機関・NGOへの影響力を高めていることがある。ビル＆メリンダ・ゲーツ財団、ロックフェラー財団、クリントン財団などの米国の規模の大きな財団は、国際保健分野における行為主体として存在感を増してきた[10]。とくに、ビル＆メリンダ・ゲーツ財団は、GAVIやGFATMを推進してきたことでも知られる。

研究者などから構成される専門家コミュニティの活動も見逃せない。英国のサセックス大学開発研究所は、2015年以降の開発アジェンダに関する政策提言文書をウェブサイトで頻繁に公表している。日本では、国際開発学会や日本国際保健医療学会といった学会が、専門家のあいだでの議論を促進すると同時に、NGOを含めた市民社会との連携も進めている。

今後、より注目していかなくてはいけないのは、民間企業によるMDGsおよび2015年以降の開発アジェンダへの貢献であろう。企業の社会的責任（corporate social responsibility: CSR）、社会的ビジネス、BoP（base of the pyramid）ビジネスへの関心が一般に高まってきている。国連の側からは、国連グローバル・コンパクトが立ち上げられ、企業が遵守すべき原則について国連と個々の企業と

の間で合意しようという動きが出てきた。また、UNDPは、包括的な市場の開発・育成を進めており、2008年からはビジネス行動要請(Business Call to Action: BCtA)というMDGs達成へ向けての企業とのネットワークを形成している。

国際保健の分野では、資金調達において企業とのパートナーシップが強化されてきたことはすでに述べた。このほかにも、マラリア予防のための蚊帳など、企業がBoPビジネスとして適正で革新的な医療器材を低所得層へ提供する例も見られる[11]。

## 5　むすび―国際共生へ向けた正義論

これまで、国際共生のための国際開発について、「極度な貧困や飢餓をなくすために国際開発目標が設定されたのち、その目標達成に必要とされる資金を調達するためにODAなどの資金コミットメントがおこなわれ、国際援助協調の枠組みが形成されるなか、多様な行為主体がパートナーシップを形成しながら協働していくプロセス」を見てきた。ここでは、トマス・ポッゲ(Thomas Pogge)の正義論を参照しながら[12]、「貧困をなくす開発」について批判的に検討し、国際共生を実現するための「貧困をなくす開発」はどうあるべきかという点について示唆を得たい。そのことが、2015年以降の開発アジェンダを構想するうえで参考になると思われるからである。

ポッゲは、不平等な富の偏在を相対的貧困、生命を脅かす飢餓や極度の貧しさを絶対的貧困として区別する。そのうえで、人権の剥奪そのものである絶対的貧困は、先進国およびその市民と、途上国の支配層の両者が維持しているグローバルな制度的秩序(先進国―途上国の国際的秩序および途上国の国内的秩序)によって生み出されていると論じる。こうしたグローバルな制度的秩序を代替できる新たな制度設計が実行可能であるにもかかわらず、改革

に取り組もうとしないことは、道徳的な規範の忌避であると批判する。そして、「人権に基づく最低限の正義」を実現するためには、絶対的貧困や人権剥奪に無作為に加担しなくても済むように、グローバルな制度的秩序そのものを改革しなくてはならないと主張する[13]。

ポッゲは、絶対的貧困を生みだしているグローバルな制度的秩序を改革することを「消極的義務」とし、絶対的貧困をなくすために開発援助や国際協力をおこなうことを「積極的義務」として区別している。この章で論じてきた「極度な貧困や飢餓をなくすために国際開発目標が設定されたのち、その目標達成に必要とされる資金を調達するためにODAなどの資金コミットメントがおこなわれ、国際援助協調の枠組みが形成されるなか、多様な行為主体がパートナーシップを形成しながら協働していくプロセス」が、既存のグローバルな制度的秩序を前提として進むのであれば、実はポッゲの言う「積極的義務」でしかないことになる。他方、グローバル・タックスなどの革新的な資金調達や、市民社会からの動きは、世界政府が存在しない国際社会において、既存のグローバルな制度的秩序の改革に取り組む「消極的義務」につながるかもしれない。国際共生へ向けて国際開発を進めるということは、「積極的義務」だけでなく、「消極的義務」をも果たして、「人権に基づく最低限の正義」を実現しようと努めることにほかならない。

MDGs達成の年限である2015年が近づき、次の2015年以降の開発アジェンダを構想するとき、国際開発目標という達成すべき到達点だけでなく、そこへ到達しようとするプロセスも重要になってくる。これまでどおり、グローバルな制度的秩序を疑問視することなく、新しい国際開発目標へ向かって引き続き開発援助や国際協力のみをおこなうのか？　それとも、既存のグローバルな制度的秩序を改革するという「人権に基づく最低限の正義」の実現に着手しながら、新たなグローバル・ガバナンスを構想するのか？

このような新しい開発パラダイムへの転換期において、「貧困をなくす開発」を国際共生の視点から批判的に検討したところ、実は、国際共生のために国際開発は必要であるが十分ではないことに気づく。ポッゲの言う「積極的義務」だけでなく「消極的義務」をも果たすためには、開発に単独で取り組むのではなく、平和や人権という他の地球規模課題とともに、包括的にアプローチしていくことが求められる。

つまり、「人間の安全保障」の視点から、人間に焦点を絞ったうえで、脆弱な人びとが強靱になれるようなエンパワーメントを促進すると同時に、政府などによる脆弱な人びとの脅威からの保護を強化することをとおして、すべての個人が「①恐怖からの自由、②欠乏からの自由、③すべての人権を享受して人間としての潜在力を十分に発達させるための平等な機会、への権利」をもてるように、国際社会の新たなグローバル・ガバナンスを模索すべきなのである。

[註と引用参考文献]
1：開発援助の変遷については、以下の文献を参照のこと。前田美子「開発援助のアプローチ」黒澤満編著『国際関係入門―共生の観点から』東信堂(2011)、113-134頁。
2：勝間靖「国際開発とミレニアム開発目標―貧困削減アプローチをめぐって」勝間靖編著『テキスト国際開発論―貧困をなくすミレニアム開発目標へのアプローチ』ミネルヴァ書房(2012)、1-22頁。
3：勝間靖「国連児童基金(ユニセフ)」、「国連女子教育イニシアティブ」日本比較教育学会編『比較教育学事典』東信堂(2012)、178頁。
4：勝間靖「子どもの権利と子どものための国際レジーム」初瀬龍平・松田哲編著『人間存在の国際関係論―グローバル化のなかで』法政大学出版局(2013)。
5：勝間靖「人間の安全保障」日本国際保健医療学会編『国際保健医療学[3版]』杏林書院(2013)。

6：人間の安全保障委員会『人間の安全保障の今日的課題』朝日新聞社(2003)。
 7：勝間靖「子ども兵士をなくすためには？―武力紛争下の子どもを考える」戸田真紀子・三上貴教・勝間靖編著『国際社会を学ぶ』晃洋書房(2012)、170-183頁。
 8：清水栄一「幼い子どもの命を救うワクチン債」勝間靖編著『テキスト国際開発論―貧困をなくすミレニアム開発目標へのアプローチ』ミネルヴァ書房(2012)、111-112頁。
 9：上村雄彦「地球規模課題を解決するためには？―グローバル・タックスの可能性」戸田真紀子・三上貴教・勝間靖編著『国際社会を学ぶ』晃洋書房(2012)、155-169頁。
10：兵藤智佳・勝間靖『国際保健をめぐる政策決定プロセスにおける日本のNGOの役割と課題』日本国際交流センター(2009)。
11：勝間靖「アフリカにおける保健・環境衛生論―マラリアとの闘いを中心として」舩田クラーセンさやか編『アフリカ学入門―ポップカルチャーから政治経済まで』明石書店(2010)、170-188頁。
12：トマス・ポッゲ著、立岩真也監訳『なぜ遠くの貧しい人への義務があるのか―世界的貧困と人権』生活書院(2010)。
13：勝間靖「『なぜ遠くの貧しい人への義務があるのか―世界的貧困と人権』(トマス・ポッゲ著)―開発と人権の視点から平和を考える」日本平和学会編『平和を考えるための100冊』法律文化社(2013)。

## 政府開発援助から官民による開発協力へ

　東日本大震災と原子力発電所事故が発生した2011年3月11日から2カ月を経た5月、私は、研究・調査のため、エチオピアとセネガルを訪問していた。HIV／エイズやマラリアなどの感染症で苦しむアフリカの人びとに対して、いかに開発援助をおこなうべきか、という発想をもちながらアフリカ大陸に足を踏み入れたのが正直なところである。

　しかし、驚いたことに、アフリカの人びとは、中央政府の大臣から地方の村人まで、犠牲となった日本の人びとに哀悼の意を表し、日本が直面する復興への困難な道のりを繰り返し励ますのであった。私は、「援助する日本」という先入観を恥じた。

　現地の日本大使館やJICA事務所の方によると、その国の政府だけでなく、企業・学校・現地NGOのほか、一般の市民までが、募金を申し出たり、届けに来たりしたという。私が宿泊していたホテルでも、ロビーに募金箱が置かれており、アフリカの人びとは、日本に思いをはせて、そこへ義援金を入れていくのであった。

エチオピアのホテルにあった募金箱

政府開発援助と聞くと、「援助する国」vs「援助される国」という二項対立が前提となっていて、先進国政府から途上国政府への一方的な関係をイメージしがちである。しかし、実際には、新興援助国が出現しているし、先進国でさえも自国のみで解決できない問題に直面することがある。また、国家やその政府だけでなく、国際機関・NGO・財団などが超国境的なネットワークを形成している。こうした現状を見ると、官と民の多様な行為主体による双方的な開発協力が多層的に発展しており、私たちは国際社会において共に生きているのだと発想を転換すべきことに気づかされる。

## 第8章

### 国際開発CSOと国際共生
―「援助効果」議論を中心に[1]

高柳　彰夫

## 1　はじめに－国際共生とNGO/CSO(市民社会組織)

「国際共生」は本書では「国際社会における行動主体の間において、お互いに積極的に努力し協力し、両者にとってともにプラスに働く状況を作り出すことであり、また国際社会の行動主体が国際社会全体の公的利益を促進するために行うものであり、国際社会をより公正で平和なものにすることを目指すものである」と定義される[2]が、これを国際開発、世界の貧困削減の文脈から筆者なりに再定義すれば、「国際社会における開発に取り組む諸アクター間で、世界の貧困削減、MDGsに代表される国際的諸目標の達成や新たな目標策定で、積極的な努力・協力、建設的な相互批判・相互学習を推進し、両者にとってともにプラスに働く状況を作り出そうとするイニシアティブ」となるだろう。

国際社会における開発に取り組む諸アクターの一つとして、NGOをはじめとした市民社会組織(CSO〔Civil Soceity Organizations〕)がある[3]。国際開発に取り組むCSOは、南の開発現場で教育・保健・農村開発・都市スラム開発などの事業活動を行うとともに、貧困や周縁化などに直面する人々の立場に立ったアドボカシー(政策提言)活動を行ってきた。

ここでは、国際開発におけるCSOの役割を、近年の「援助効果」

## 第8章　国際開発CSOと国際共生－「援助効果」議論を中心に

に関する国際的議論の事例にもとづいて検討し、CSOが「国際共生」に果たせる役割を考えたい。

とはいっても、国際的にみれば「国際共生」はCSOの活動でも、援助効果の議論でもキーワードになってきたとは言い難い。例えば、本章で紹介するCSOネットワークの一つであるOpen Forumの文書にはcooperation（協力）、collaboration（協働または連携）、solidarity（連帯）、mutual learning（相互学習）といった用語は出てくるが、「(国際)共生」の訳語になるような言葉は出てこない。

なぜだろうか。一つには、序章でも指摘されているように「国際共生」に当たるぴったりした英語概念が存在しないことである。序章では、conviviality、living together、symbiosisなどの概念が紹介されている。このうちconvivialityとsymbiosisは語彙として難度が高く、英語を母語としない人々も世界共通語としての英語でコミュニケーションを行うCSOの世界にふさわしくない。また抽象的で、現場での実践性や具体性が求められるCSOにはなじまない。

ではliving togetherではどうだろうか。もし地球上ですべての人々が「共に生きる」というのならば、当たり前すぎる一方で、地球規模であれ、現場レベルであれ、「国際共生」、living togetherという、すべての人々が対等であるかのようなニュアンスを伴う言い方には細心の注意が必要であろう。CSOの事業活動は「援助」、すなわち佐藤寛によれば「社会の発展を目指して行われる、外部からの資源投入」[4]の一つである。南のCSOのアドボカシー活動も、北側からの「援助」があって可能になっている現実がある。佐藤はさらに、「援助」よりも「国際協力」という用語が好まれる現状があるが、その背景には援助をする側とされる側の間に存在する「非対称性」「権力性」を忌避したい気持ちがあるのではないかと指摘する[5]。「国際共生」やlive togetherといった語句には「国際協力」以上に、「援助」に避けられない「非対称性」「権力性」をオブラートに

包む危険性がないだろうか。また「外部からの」関わりであるという現実をオブラートに包む危険性も考えなければならない。

筆者は、CSOの活動について「国際共生」に対応する英語は存在しない、あえていうならばcollaboration, cooperation, solidarity and mutual learningの関係がアクター間で目標とされる状況を日本語で表した概念であると本章では考える。同時に「国際共生」ということばでCSOのグローバルな活動を語る場合にも、「国際協力」を使う場合と同様に、「非対称性」「権力性」「外部者性」に目を背けてはならないだろう。

さて、「援助効果」の議論は、先進諸国間の開発援助に関する政策研究・協調の場である経済協力開発機構の開発援助委員会(OECD-DAC)を中心に、1990年代半ばから行われるようになっていた。21世紀に入り、援助効果に関するワーキング・グループ(WP-EFF)がつくられ、2003年にローマ、2005年にパリ、2008年にアクラ(ガーナ)、2011年にプサン(韓国)と4回の閣僚級フォーラム(High-level Forum: 以下、HLF)が開催されてきた。2005年に第2回ハイ・レベル・フォーラム」(HLF2)以降は途上国や国際機関も広く参加するようになり、国際的に大きく議論されるテーマとなった。HLF2で採択された「援助効果に関するパリ宣言」は「援助効果」の5原則として、①途上国のオーナーシップ(ownership=主体性・主導性)、②整合性(alignment)、③調和化(harmonisation)、④結果のマネージメント(management for results)、⑤相互のアカウンタビリティ(mutual accountability)をあげた[6]。

2008年のアクラでのHLF3前後から、二つのCSOネットワーク—二国間・多国間ODA(政府開発援助)に関する提言活動を行うBetterAid、CSO自らの「開発効果」の問題に取り組むOpen Forum for CSO Development Effectiveness(以下、Open Forum)—が、2011年にプサンで開催されたHLF4(成果文書として「効果的な開発協力のためのプサン・パートナーシップ」= Busan Partnership for Effective

Development Co-operation: 以下、BPEDC[7]を採択) に向けて活動した。WP-EFFはCSO代表を正式メンバーとして加え、BetterAidにより選ばれた代表2名がメンバーとなった。HLF4で採択されたBPEDC起草には、BetterAidから1名が参加した。HLF4には世界のCSO関係者300名が正式参加した。

　ここで二つのことを補足説明しておきたい。第一になぜ「援助効果」が国際的なテーマになったかである。理由の一つは、欧米諸国の多くでは1990年代にはODA額が低迷していたが、21世紀に入り、MDGsの国連総会における採択などによりODA増額の機運が高まった。しかし先進諸国の国民・納税者のODA増額への納得を得るためには、その効果や透明性・説明責任を向上させる必要があった。もう一つの理由は、二国間・多国間の開発援助機関、CSOなどがバラバラに、相互調整することもなく援助活動を行った結果、プロジェクトが相互に重複したり、逆に地理的・分野的に偏在したりし、また社会全体にどのような効果をあげているのか検証しづらい「援助の氾濫」「援助の断片化」と言われるような状況が生じたことである。そのためさまざまな援助アクターがバラバラに小規模な援助活動を行うのではなく、統一した戦略で、また手続きもできるだけ統一して途上国政府の負担を減らすべきだとの考え方が「援助効果」議論をリードした北西欧諸国（スウェーデン・イギリス・オランダなど）や世界銀行などで高まった[8]。

　第二に「援助効果」というテーマでCSOの役割を検討することがなぜ有効かである。このテーマは、CSOの事業活動、アドボカシー両方にまたがるテーマだからである。CSOはODAのあり方についてのアドボカシー、自らの事業活動の効果向上策の検討の両方に取り組んだ。

## 2 援助効果議論におけるアドボカシー(主張・提言)活動

BetterAidはOpen Forumと共同でHLF4に向けて提言書[9]を出した。CSOの提言とそれがBPEDCにどう反映されたのかをまとめると表8-1のようになる。本章では、紙幅の制約もあり、CSOの提言の三つのキー・コンセプト―(1)援助効果から開発効果(development effectiveness)へ、(2)人権基盤型開発アプローチ(Rights-based Approach to Development: 以下、人権アプローチ)の採用、(3)民主的オーナーシップ(democratic ownership)―に絞ってまとめたい。

### (1) 援助効果から開発効果へ

「援助効果」をめぐる議論の中で、CSOは「援助効果」の議論が資金管理や事務コスト削減をいかに行うのかといった技術的な側面からとらえているのではという疑問を持ち、また、「援助効果」のみならず「開発効果」を問うべきだと唱えてきた。「開発効果」とは「貧しい人々や周縁化されている人々に対する開発アクターの活動のインパクトに関するもの」であり「貧困・不平等・周縁化・不正義の兆候だけでなく、根源に取り組む持続的な変化を促進する」ものである[10]。

BPEDC作成過程では、当初の文書名の案が「開発効果のためのプサン・パートナーシップ」(Busan Partnership for Development Effectiveness)とされていたが、「援助効果」への言及の不十分さや、「開発効果」には「援助効果」は含まれるのかといった疑問が出され[11]、結局「効果的な開発協力のためのプサン・パートナーシップ」になったいきさつがある。また、BPEDCでは、「効果的な援助から効果的な開発協力へ」と題するセクションがつくられ、「開発は、強く、持続可能で、社会全体を含む成長によりもたらされる」とされた[12]。

当初案で用いられてきた用語が最初は「開発効果」であったのが、なぜ「効果的開発協力」になったのだろうか。CSOのHLF4に向けた動きをまとめたブライアン・トムリンソン(Brian Tomlinson)は「開発効果」概念に関するWP-EFFメンバー間の共通の理解の欠如をあげ、その背景の一つとして新興国の台頭に伴う南南協力をあげている[13]。HLF4に至るプロセスで、新興国、特に中国は「援助効果」に関する諸原則が先進国(北)から途上国(南)への援助のみに適用し、南南協力に適用しないことを強く要求し、その要求が容れられなければHLF4を欠席すると主張した。結局BPEDCでは南北協力と南南協力の相違、南南協力への諸原則の適用は「自発的」とするパラグラフ[14]が入ることとなった。こうした経緯が「開発効果」に関する成果文書の形になることを妨げる要因の一つになったのではないだろうか。

(2) 人権アプローチ

人権アプローチの採用はHLF4に至るプロセスでCSOの主張の中核であったと言ってよい。人権アプローチとは、開発を国連や地域機構で採択された国際人権条約など国際人権基準にもとづき経済的・社会的・文化的権利や、市民的・政治的権利の実現と考えるアプローチといえよう。人権アプローチでは、貧困とは人権を満たされない状態と考えられ、貧困層はニーズを満たされるべき受益者というよりも、諸権利の実現を履行義務者(duty bearers)に対し要求する権利を持つ人々(rights holders)ととらえられる。また人権アプローチでは非差別が原則で、格差拡大を招くような支援は許されず、脆弱な立場の人々の権利主張のためのエンパワーメント支援が重視される[15]。人権アプローチは国連の開発関連機関[16]やイギリスやスウェーデンなどの北欧諸国をはじめいくつかの二国間援助機関でも重視されている。

BPEDCでは、「共有された原則」として人権に触れることについ

表8-1 HLF4に向けたCSOの提言と結果

| CSOs on the Road to Busanでの提言 | | |
|---|---|---|
| 文書名案 | Busan Compact for Development Effectiveness | |
| A パリとアクラの公約を完全に評価し、深める | 民主的オーナーシップを援助・開発効果の中核にする | |
| | 参加型でマルチ・ステークホルダーの政策対話に優先順位を置く | |
| | 第1のオプションとしてcountry systemの利用 | |
| | 政策コンディショナリティをやめる | |
| | すべての形態の援助の完全アンタイド化 | |
| | 需要にもとづいた技術協力の実施 | |
| | 援助額の予測不可能の問題に取り組む | |
| | 民間セクターによる開発を持続的生計に導く | |
| | 各国レベルとグローバル・レベルで明確に参加型のアカウンタビリティ枠組みをつくり、それにもとづいて活動する | |
| | すべての援助アクターにより最も高度な公開性・透明性を実現すること | |
| B 人権基準を促進し、貧困・不平等の根源に焦点を当てた開発協力を通じて開発効果を強化する | 開発における人権アプローチを公約・実施する | |
| | ジェンダー平等と女性の人権の促進・実行 | |
| | 働きがいのある人間らしい雇用を社会的に包摂的で持続可能な開発戦略として実施 | |
| C 独自性を持ったアクターとして多様なCSOの参加を認知・保証する | イスタンブール原則をエンドースし、オープン・フォーラムのCSOの開発効果に関する国際枠組みを認知する | |
| | CSOが活動しやすい政策・制度枠組みを生み出す政府・ドナーの政策・法・規則・実践のミニマム・スタンダードに合意する | |
| D 公正な開発協力アーキテクチャーを促進する | HLF-4で参加型のプサン・コンパクトを開始し、それは期限を区切った約束を伴い、開発協力のグローバル・ガバナンスの根本的改革を開始する | |
| | 政策対話と基準づくりのための平等で参加型の多角的フォーラムをつくる | |

| | BPEDC(数字はパラグラフ番号)とCSOコメント |
|---|---|
| | Busan Partnership for Effective Development Co-operation |
| | 中核にはすえられなかったが(11)、オーナーシップの原則として民主的オーナーシップを明記(12) |
| | 直接の言及なし |
| | country system の利用を唱えると同時に、援助側のガバナンスへの配慮も述べる(19) |
| | 言及なし |
| | 原則論としての援助のアンタイド化と2012年にレビューを行うことは述べる(18e)も期限がなく不十分 |
| | 言及なし |
| | 予測可能性を高めること、ドナーが3-5年計画を提示することを述べる(24)が、アクラから進展なし |
| | 民間セクターの開発における役割を積極的に評価(32):CSOから貧困削減に直結しない可能性があるとして批判 |
| | 透明性とアカウンタビリティは共有原則の一つとして明記される(11d)。情報公開について明記(23)し、DACのレポーティング・システムやIATIを通じた情報の共有、標準化、提供を明記(23c)。 |
| | 人権の促進が共通目標であることは確認された(3, 11)が、人権アプローチはCSOとの関連でしか触れられず(22)。成長重視を前面に(28)。 |
| | ジェンダー平等、女性のエンパワーメントのパラグラフ(20)が設けられたことは歓迎。しかし女性の人権や政策決定への参加への言及はなく、ジェンダー平等の達成についても期限が設けられていない。 |
| | 働きがいのある人間らしい雇用は共通目標として確認された(3, 11)のみ |
| | CSOが独自のアクターであることを確認し、国際的に認知された原則に従って活動しやすい政策・制度環境の促進を述べる(22a)が、国際人権への言及が不十分。イスタンブール原則と国際枠組みに従ったCSOの開発効果の取り組みを奨励(23b)。 |
| | 2012年6月までに今後の枠組みを決定することを明記。 |

(出所) BetterAid with Open Forum, "CSOs on the Road to Busan: Key Messages and Proposals", 2011; HLF4, "Busan Partnership for Effective Development Co-operation", 2011; BetterAid, "An Assessment of the Busan Partnership for Effective Development Cooperation from Civil Society Perspective", 2012などをもとに筆者作成

ては早くから合意ができ、パラグラフ11で「国際的な人権、働きがいのある人間らしい仕事(decent work)、ジェンダー平等、障がいに関する国際的合意に一致」と明記された[17]。BetterAidのみならず、アメリカ、イギリス、EU、CANZ[18]、CARICOM[19]、国連開発計画(UNDP)などが貧困削減やMDGsの達成を述べた前文の部分でも人権に触れることを要求し、最終的にBPEDCのパラグラフ3で「ミレニアム宣言は人権、民主主義、グッド・ガバナンスを私たちの開発の取り組みの不可欠な部分としている」と述べられた[20]。

BetterAidは「共有された原則」に人権アプローチを入れることを強く主張した。しかし、全参加国の合意を図る上で微妙な問題の議論は避けるべきとの意見もあり[21]、結局CSOについて述べたパラグラフ22で「CSOは人々が権利を主張すること、人権アプローチを促進すること、開発の政策とパートナーシップを形成すること、その実施を監視することに重大な役割を持っている…」[22]と言及されるにとどまった。人権と人権アプローチをめぐるBPEDCにおける結果について、BetterAidとOpen Forumは人権に対する言及が少ない一方で、前述したように成長指向であることを批判し、人権アプローチについてはCSOの役割としてのみ述べられたことへの失望を表明した[23]。

人権について慎重な意見はなぜ出されたのだろうか。DAC議長のブライアン・アトウッド(J. Brian Atwood)は、「いくつかの国が、中国・ベトナムなどいくつかの途上国を軟化させるため明確な人権に関する文言を避けようとしていた」[24]と述べている。人権をめぐっては、一部の途上国やそれを擁護する援助国と、BetterAidや人権推進の立場に立つ諸国との間で議論があり、人権を開発協力の規範とすることが合意できる上限であったことがうかがえる。

第8章　国際開発CSOと国際共生－「援助効果」議論を中心に　159

（3）民主的オーナーシップ

　前述したようにパリ宣言の第1原則はオーナーシップであった。パリ宣言時に、CSOはそのオーナーシップの考え方が国家政府に偏っていることを批判し、国家政府中心のオーナーシップでなく「民主的オーナーシップ」(democratic ownership)を求めた。CSOのいう「民主的オーナーシップ」とは、①市民の声と関心事が国家開発計画やそのプロセスの中心であるべきこと、②国家開発計画に関して市民が情報にアクセスでき実施・監視・評価に関われること、③議会など選挙で選ばれた代表、女性団体、CSO、地域社会などを含む政策決定とアカウンタビリティのためのガバナンス・メカニズムを含む[25]。

　HLF4に向けて、CSOは「民主的オーナーシップ」は「開発効果」の中核で、人権アプローチの必要条件と考えた[26]。BetterAidの母体となったThe Reality of Aidは2011年に「民主的オーナーシップ」をテーマにした報告書を発表し、開発戦略における市民参加は限られた国(調査対象の30カ国中3カ国)でしか拡大していないことを指摘した[27]。

　BPEDCの最初のドラフトが提示された2011年7月のWP-EFF会議の段階で、「より社会全体を含んだオーナーシップ」(inclusive ownership)の必要性に言及することで参加者の一致を見た[28]。その後のHLF4までの議論で、「共有された原則」の一つはオーナーシップになり、またオーナーシップの具体的な中身にふれたパラグラフでは、BetterAidのみならずEUの主張もあり、「民主的オーナーシップ」が明記されることとなった[29]。BetterAidは「民主的オーナーシップ」が明記されたことを評価しながらも、「共有された原則」として「民主的」とつかずに単に「オーナーシップ」となったことから、CSOの目標を完全に達成できたわけではないと述べている[30]。

　以上、「援助効果から開発効果へ」、「人権アプローチの採用」、

「民主的オーナーシップ」の三つのキー・コンセプトに絞って BetterAid の提言とどこまでそれらが BPEDC で採用されたのかを述べてきた。CSO の提言が採用された点は、民主的オーナーシップと人権を開発協力の基本原則として入れることであったが、これらは二国間・多国間の援助機関から一定の支持を集めていた。その一方で、「開発効果」の考え方は採用されず、また人権アプローチではなく成長指向が開発協力の基調となった点で CSO の提言が受け入れられなかった。

## 3　CSO の開発効果の原則

2008年にアクラで開催された HLF3 で採択された「アクラ行動計画」(Accra Agenda for Action= AAA)では、CSO が独自のアクターであることを明記するとともに、「CSO の開発効果を促進する CSO 主導の多様な利害関係者間プロセスで協働するという提案を歓迎する」とされた[31]。CSO は二国間・多国間 ODA の「援助効果」に対する提言活動を行うのみならず、CSO 自らの活動の「開発効果」(その意味は前述)を高める取り組みを行うべきだという機運は HLF3 前後から強まり、CSO の「開発効果」の諸原則を作成する国際的なプラットフォームとして Open Forum は2008年に設立され、翌年から HLF4 に向け活動を開始した。

Open Forum は、各国で CSO のコンサルテーションを行った後、2010年9月にイスタンブールで世界会議を開いて8つの「イスタンブール原則」を採択した。さらに各国でコンサルテーションを開催して内容を詰めた後、2011年6月にシェムリアップ(カンボジア)で第2回世界会議を開催し、イスタンブール原則を実施していくガイダンスや CSO のアカウンタビリティと政策・制度環境(後述)に関する文書を含んだ「CSO の開発効果の国際枠組みに関するシェムリアップ・コンセンサス」(Siem Reap Consensus on the

International Framework for CSO Development Effectiveness: 以下、シェムリアップ・コンセンサス）が採択された。国別コンサルテーションが開催された国の数は約70である。各国や地域・テーマ別のコンサルテーションの成果を持ち寄ってイスタンブール原則やシェムリアップ・コンセンサスをまとめた点で、非常にボトム・アップ的なプロセスであった[32]。

8つのイスタンブール原則は以下の通りである[33]。

① 人権と社会正義を促進・尊重する
② 女性や少女(girls)の権利を促進し、ジェンダー平等と公平性を実現する
③ 人々のエンパワーメント、民主的オーナーシップ、参加に焦点を当てる
④ 環境の持続可能性を促進する
⑤ 透明性とアカウンタビリティを実践する
⑥ 公正なパートナーシップと連帯を追求する
⑦ 知を創造・共有し、相互学習にコミットする
⑧ 前向きで持続可能な変化の実現にコミットする

①～④はCSOの活動方針に関するもの、⑤～⑧はCSOの組織運営にかかわるものと大きく分けることができよう。

イスタンブール原則やシェムリアップ・コンセンサスの意義は何であろうか。第一に、AAAでCSOが独自性を持ったアクターであることが確認され、CSO自らの「開発効果」の促進が求められたことを踏まえ、パリ宣言のオーナーシップ、整合性、相互のアカウンタビリティ原則などを参照しつつ、CSO自らの規範を示したことである。CSOは南北の政府と対等な責任を果たそうとしたものと言える。原則②でジェンダーや原則⑥でパートナーシップに触れたことは、CSO自体これまでの活動や組織運営の中でジェンダーの視点が十分だったのだろうか、南北のNGO関係が北優位の関係でなかったのかなど、「開発効果」を向上させるためのCSO

が自ら克服すべき課題を明らかにしている。

　第二に、アドボカシー活動で根幹であった人権アプローチがイスタンブール原則やシェムリアップ・コンセンサスでも貫かれていることである。原則①は人権アプローチの採用を提唱し、原則②は世界的にみてジェンダーが深刻な問題であることを踏まえてジェンダー平等・公平性と女性の人権を強調する。原則③が人々のエンパワーメント、民主的オーナーシップ、参加を強調するのも、人権アプローチで貧困や周縁化に直面している人々の権利主張を含んでいることが背景にあろう。

　第三に、人権、ジェンダー、環境などの、本書の「国際共生」の他のイシューの視点も含めた開発のビジョンを提供していることである。

　付け加えておかなければならないことが二点ある。第一に、CSOの多様性に配慮していることである。シェムリアップ・コンセンサスでは「CSOの国ごと、組織ごとの文脈でそれぞれの地元で解釈・適用されなければならない」[34]とも述べられ、CSOの多様性、それぞれの組織が置かれた文脈の多様性に配慮している。第二に、Open Forumはボトム・アップのプロセスでイスタンブール原則やシェムリアップ・コンセンサスを採択してきたこともあり、相互学習や討議の場としても大きな意義を持った。

## 4　CSOと南北の国家との関係＝政策・制度環境（Enabling Environment）

　パリ宣言時に、CSOは南の政府のオーナーシップや開発戦略にもとづいた諸援助アクターの整合性、調和化を唱えるものであり、CSOは南の政府の開発戦略や優先順位への整合性や調和化を強いられて独自性を失うことを懸念した。そうした批判を受けてAAAではCSOが独自のアクターであることを明記するとともに、CSO

にとって「好ましい政策・制度環境を提供する」と述べている[35]。しかし、南北問わず多くの諸国で政策・制度環境が悪化してきた。Civicus : World Alliance for Citizen Participationによれば2009-10年の2年間の間に90カ国で市民社会の組織や活動に対する何らかの規制強化が見られた。それには市民社会の登録制度の厳格化、自由な活動の規制強化のみならず、活動家の拘束や殺害までも含まれる[36]。背景としては、テロ対策とともに、パリ宣言の諸原則を「南の国家政府のオーナーシップ」と「CSOも国家の開発戦略への整合性を持つべき」と解釈する国があったことがある。

WP-EFFの下につくられた「市民社会の開発効果と政策・制度環境に関するタスク・チーム」(Task Team on Civil Society Development Effectiveness and Enabling Environment)という南北の政府とOpen Forum代表からなる多セクターのタスク・チームは以下を提言した[37]。

① CSOを独自性を持つアクターとして、また多セクター対話の重要性を再確認する
② CSOの開発への貢献を最大化するよう、政策・制度環境を提供・促進・監視する
③ CSOの効果に貢献するドナーの支援モデルを実施する
④ CSOの効果とアカウンタビリティを強化する取り組みを奨励する
⑤ 援助のアカウンタビリティと透明性への責任を共有する

Open Forumも政策・制度環境の問題に取り組み、シェムリアップ・コンセンサスには政策・制度環境についての以下の提言も含まれていた[38]。

第一に、「すべての政府は人々が組織化し、開発に参加することが可能となるような基本的人権の義務を完全に満たすこと」である。具体的には、結社・団体結成の自由、CSOの活動を促進する法制度の認知、表現の自由、移動の自由・旅行の権利、国家の正

当と認められない介入なしに活動する権利、CSOの開発における正当な役割を演じるのに必要なリソースを求め、確保する法的スペースである。

第二に、南北の政府がとるべき施策として以下をあげる。
 a．独自のアクターとしてCSOを認知すること
 b．開発効果向上のため、民主的な政治・政策対話の実施＝CSOの政府との対等な立場での開発政策決定プロセスへの参加
 c．開発の透明で一貫した政策に関し説明責任を持つこと
 d．CSOの開発効果のために好ましい資金供与策をつくること

シェムリアップ・コンセンサスで政策・制度環境を取り上げた意義は何であろうか。南北の諸政府が合意したAAAでCSOが独自性を持ったアクターであることとCSO活動に好ましい政策・制度環境の提供が唱えられたにもかかわらず、多くの諸国で政策・制度環境の悪化が見られた。これに対し、Open Forumは、CSOは独自性を持ったアクターであること、政府との政策対話に対等な立場で参加するアクターであることの再確認を求めたと言えよう。また、ここでも人権が基本である点が、アドボカシー活動やイスタンブール原則と一貫した点である。

## 5　むすび―開発と人権を融合した「国際共生」論へ

本章では21世紀に入ってから国際的に議論されている「援助効果」の問題に関し、CSOのアドボカシー活動、CSO活動の開発効果、CSOを取り巻く政策・制度環境の問題を検討してきた。本章の最初で、国際開発、貧困削減の文脈で「国際共生」を「国際社会における開発に取り組む諸アクター間で、世界の貧困削減、MDGsに代表される国際的諸目標の達成や新たな目標策定で、積極的な努力・協力、建設的な相互批判・相互学習を推進し、両者にとっ

てともにプラスに働く状況を作り出そうとするイニシアティブ」と定義した。CSOはWP-EFFやアクラ以降のHLFに公式参加し、CSOとしてのアイディアを提供しつつ、ODAに関するアドボカシー活動を行った。Open ForumはCSO間の相互学習や自己革新の試みであった。そしてCSOは政策・制度環境の問題を取り上げ、独自の活動を行う可能性を高めようとした。南北の政府機関や国際機関との相互批判や両者にとってプラスに働く状況づくり、CSO間の相互学習や自己革新はまさに「国際共生」の重要な要素と言えよう。

　CSOの「援助効果」に関連する様々な取り組みの中で一貫しているのは人権アプローチである。CSOは成長指向ではなく、人権を融合した新しい開発のあり方を提唱していると言える。そのことはまた、「国際共生」を考えるにあたって開発と人権を融合した新しいビジョンを必要とすることを示唆していないだろうか。

　最後に今後の課題や展望として二つのことを指摘しておきたい。

　第一に、BPEDCでの「開発効果」や人権に関する扱いには中国をはじめとする新興国への配慮が見られた。前述したように中国はHLF4欠席をちらつかせて「援助効果」諸原則の南南協力への不適用を要求し、インドも同調する動きを見せた。新興国による開発援助が拡大し、開発に関する国際的な議論の場で発言力を拡大させているが、中国を筆頭に新興国の中にはCSOや民主主義に好意的でない国もある。また、HLF4後、OECD-DACとUNDPを共同事務局とする援助効果あるいは効果的な開発協力に関する新しい国際枠組みとして、「効果的な開発協力に関するグローバル・パートナーシップ」（Global Partnership for Effective Development Co-operation = GPEDC）が発足した。ここには、援助国、新興ドナー、被援助国、国際機関、CSOだけでなく、経済界の代表も入ることとなった。CSO以外にも、新興国や経済界といった新しいアクター

が参加するGPEDCでCSOがいかに発言力を確保し、人権アプローチなどCSOとしての主張に賛同を得ていくのかという課題がある。

　第二に、アドボカシー活動やイスタンブール原則とシェムリアップ・コンセンサス(前述の通り各国でコンサルテーションを開催するなどボトム・アップのプロセスを重視してきた)関連のCSOの国際会議には主に各国のネットワーク団体が参加してきた。筆者は日本で「援助効果」議論へのCSOの関わりを紹介する中で、何回か「人権というと欧米起源のものではないか。人権の考えが世界のCSOに浸透するのが信じられない。欧米のCSOが依然として発言力が大きいのではないか」といった趣旨の質問やコメントを受けてきた。実際には南のCSOの間で、自ら自由な活動を抑圧された経験をもとに、人権の実現が一般の人々の開発に不可欠という考え方が強い。とはいえ、人権アプローチについて世界のCSOの間で共通の理解があるのかというと疑問である。人権アプローチをはじめ、イスタンブール原則とシェムリアップ・コンセンサスでまとめられたCSOの「開発効果」の諸原則をいかに各国で「内部化」「社会化」していくのかは、南北を問わずCSOの課題である。

**［註と引用参考文献］**
1：本章は、高柳彰夫「市民社会組織(CSO)の援助効果」『国際交流研究』14号(2012年)、「援助効果議論における市民社会組織(CSO)のアドボカシー活動」『国際交流研究』15号(2013年)を要約しつつ、「国際共生」という本書のテーマにもとづいて再構成したことをお断りしておきたい。なお、援助効果議論におけるCSOのかかわりについて、より詳しくは、高柳彰夫『グローバル市民社会と援助効果』法律文化社(2014予定)を参照していただきたい。また、筆者は国際協力NGOセンター(JANIC)の政策アドバイザーを務め、Open Forumの世界会議やHLF4直前のプサン・グローバル市民社会フォーラムに参加しているが、本章における諸見解はJANICやOpen Forumを代表するのではなく、筆者個人のものであることも明記しておきたい。

2：本書序章参照。
3：近年ではNGOとともに、CSOということばが国際的によく使われるようになっている。背景としては、①nonから始まる用語を避ける、②一般的にNGOと呼ばれる諸団体以外にも活動の一部としてグローバルな問題に取り組む諸団体(労働組合や学術団体)も含めたい、といったことがある。本章でふれるCSOは実際には開発NGOが大部分であり、CSOということばを使うことに対する疑問が提起されたこともある。一方で、Open Forumには世界の労働組合のネットワークである国際労働組合総連合(The International Trade Union Confederation: ITUC)も参加するなど、従来のNGOを超えた動きも見られる。
4：佐藤寛『開発援助の社会学』世界思想社(2005年)、52頁。
5：同上、56-58頁。
6：OECD, "Paris Declaration on Aid Effectiveness: Ownership, Harmonisation, Alignment, Results and Mutual Accountability", (2005).
7：OECD, "Busan Partnership for Effective Development Co-operation", (2011).
8：高橋基樹「日本の貧困国援助の比較論的考察―援助レジームの変遷をめぐって」『国際開発研究』18巻2号(2009年)、同「アフリカ貧困・開発論―私たちはどう考え、何をするべきか」舩田クラーセンさやか編『アフリカ学入門―ポップカルチャーから政治経済まで』明石書店(2010年)
9：BetterAid with Open Forum, *CSOs on the Road to Busan: Key Messages and Proposals*, (2011).
10：Ibid.: p.2.
11：OECD, "Working Party on Aid Effectiveness: Draft Summary of the 18th Meeting: 6-7 October 2011", DCD/DAC/EFF/M(2011)2/PROV , Para. 10.
12：OECD, "Busan Partnership for Effective Development Co-operation", Para. 28.
13：Brian Tomlinson, *CSOs on the Road from Accra to Busan: CSOs Initiatives to Strengthen Development Effectiveness,* BetterAid in cooperation with Open Forum for CSO Development Effectiveness, (2012), pp.58-60.
14：OECD, "Busan Partnership for Effective Development Co-operation", Para. 2.

15：人権アプローチに関する日本語文献として、勝間靖「開発援助と人権」佐藤寛・アジア経済研究所開発スクール編『テキスト社会開発―貧困削減への新たな道筋』日本評論社(2005年)と川村暁雄「人権基盤型アプローチの基底―人間の尊厳のための社会関係の把握・変革・自覚・共有」『アジア太平洋人権レビュー 2008』をあげておきたい。

16：国連では、開発関連の諸機関からなる国連開発グループ(UNDG)は、国連のすべての開発協力のプログラムは、すべてのセクターや実施の全段階で世界人権宣言や国連の人権諸条約でしめされた人権の実現を目的にすることを明記している(UNDG, "The Human Rights Based Approach to Development Cooperation: Towards a Common Understanding among UN Agencies", 2003)。

17：OECD, "Busan Partnership for Effective Development Co-operation", Para. 11.

18：カナダ、オーストラリア、ニュージーランドはCANZという一つのグループで行動した。

19：カリブ共同体。カリブ海、南米の15の国と地域が加盟。

20：OECD, "Busan Partnership for Effective Development Co-operation", Para. 3.

21：OECD, "Group of HLF-4 Outcome Document Sherpas: Draft Summary Record of Discussion on 18 November 2011".

22：OECD, "Busan Partnership for Effective Development Co-operation", Para. 22.

23：BetterAid with Open Forum, "An Assessment of the Busan Partnership for Effective Development Cooperation from a Civil Society Perspective", (2012).

24：J. Brian Atwood "Creating a Global Partnership for Effective Development Cooperation", Center for Global Development, (2012), p.16.

25：International Civil Society Steering Group (ISG), "From Paris 2005 to Accra 2008: Will Aid Become More Accountable and Effective?: A Critical Approach to the Aid Effectiveness Agenda", (2008).

26：BetterAid with Open Forum, op.cit., (2011).

27：The Reality of Aid, *Democratic Ownership and Development Effectiveness: Civil Society Perspectives on Progress Since Paris: Reality of Aid 2011 Report*, Quezon City: The Reality of Aid, (2011).なお、The Reality of Aidは1993年に当初はOECD-DAC諸国のCSOが自国のODA

を批判的にCSOの視点から評価するレポートを出版するものとしてスタートし、次第に南からの寄稿も増え、21世紀に入り事務局なども南に移転している。日本からは国際協力NGOセンター（JANIC）が参加してきた。

28：OECD, "Working Party on Aid Effectiveness: Draft Summary Record of the 17th Meeting: 7-8 July 2011", Para. 12.

29：OECD, "Busan Partnership for Effective Development Co-operation", Para. 11; 12a.

30：BetterAid with Open Forum, "An Assessment of the Busan Partnership for Effective Development Cooperation from a Civil Society Perspective", (2012).

31：OECD, "Accra Agenda for Action", 2008, Para. 20.

32：日本ではイスタンブール会議の後であるが、2011年2月にコンサルテーションをJANIC主催で開催し、以後合計3回のコンサルテーションを開催している。

33：Open Forum for CSO Development Effectiveness, *The Siem Reap Consensus on the International Framework for CSO Development Effectiveness*, (2011).

34：*Ibid.*, p. 8.

35：OECD, "Accra Agenda for Action", Para. 20.

36：Civicus, *Civil Society: The Clampdown is Real: Global Trends 2009-2010, Johannesburg*,( 2010). なお、Civicusは世界規模の広範な市民社会のグループのネットワークである。世界規模で市民の組織化・結社の促進や、市民社会の能力強化の支援、グローバルな市民社会の現状分析などを行っている。1991年に設立された。

37：Task Team on Civil Society Development Effectiveness and Enabling Environment, "CSO Development Effectiveness and the Enabling Environment: Key Messages for the Fourth High Level Forum on Aid Effectiveness", (2011).

38：Open Forum for CSO Development Effectiveness, *The Siem Reap Consensus*, pp.20-24.

### 援助効果議論に見る「国際共生」の可能性とむずかしさ

2011年、筆者は本章のテーマである「援助効果」関係のCSO（市民社会組織）の会議にいくつか参加した。6月末にカンボジアのシェムリアップで開催されたOpen Forumの世界会議では、CSOが自分たちの活動の効果を高めるための原則についての「シェムリアップ・コンセンサス」を採択した。南北70カ国でコンサルテーションを行いながら議論を積み重ね、約70カ国・200名が集まってこの文書を最後取りまとめた。「CSOはODA（政府開発援助）の効果に関するアドボカシーを行うが、自らの効果はどうなのか」という疑問に対する回答を用意することでもあり、多様なアクター間での協力や相互学習の深化という意味での「国際共生」への準備が整ったのであった。

11月末、プサンで「第4回援助効果に関するハイ・レベル・フォーラム」(HLF4)直前のグローバル市民社会フォーラムにも参加したが、最終日は大きな緊張に包まれた。中国が、先進国の国際機構であるOECDを中心に議論されてきた援助効果に関する諸原則を、中国など新興ドナーに適用しないことを明文化しなければHLF4を欠席すると主張し、インドも同調する動きを見せたからである。途上国として援助を受ける側である国の一部が、経済発展により、援助する側の立場にもなった時に、既存の援助アクター間のルールは受け入れないというのだ。もし「国際共生」を「共に生きる」と漠然ととらえるのならば、援助の世界でいかに「国際共生」が難しいのか、中国などの新興ドナーが台頭する中での難題がいっそう鮮明になった会議でもあった。

# 第5部

## 教育と国際共生

# 第9章

## 母語教育とアイデンティティ
― 中国にルーツを持つ子どもたちを中心に

高橋　朋子

## 1　はじめに－これまでのニューカマーの子どもたちへの教育

### (1) 子どもたち教育をめぐる課題

1980年以降、ニューカマーと呼ばれる人々の来日が増加し、日本の小中学校には親に帯同する形で来日した「外国にルーツを持つ」子どもたちが、学齢途中編入児童として入ってきた。それまで、日本語を母語としない外国人児童生徒の受け入れを想定していなかった小中学校では、突然やってきた子どもたちへの対応に試行錯誤を繰り返しながら、少しずつ受け入れ態勢や教育方法を整えていった。学校生活を円滑に進めるため、「まずは日本語」という共通理解がなされ、「日本語と日本文化への適応」が中心となった指導が行われた。学校現場で日本語指導にあたった教員やボランティア、大学の研究者などの知見が少しずつ結集し、教材や教授法が開発され、それは、日本語教育の分野において年少者日本語教育という1つの分野が確立するほど専門性を持つものとなった。また、一部ではあるが、高校や大学への特別入試枠も設けられ、この制度を利用して多くの生徒が進学することもできた。

一見成功しているかに見えたこれらの取り組みに、太田は「補償的日本語教育」、「奪文化化」だと厳しく批判した[1]。それは、日

本語教育の重要性ばかりが取り上げられ、彼らの母語や母文化に対する教育に焦点があたることはなかったからである。むしろ、母語は日本語の学習を阻害するものとして捉えられ、「なるべく母語はやめて、家庭でも日本語で話してください。」などの教員のアドバイスに困惑した保護者も少なくない。こうして、子どもたちは日本語の習得と引き換えに、母語の力を失っていったのである。その結果、「自分はなにじんなのかわからない」というアイデンティティ・クライシスや、日本語が話せない親と子どもとの間のコミュニケーション不足という深刻な問題が一部の子どもたちの間で起こった。「隠れ外国人」として日本人化していく子どもたちの姿は、「見えにくい」もの、つまり教員側から「支援の必要な外国にルーツを持つ子ども」であることがわかりにくい存在となった。清水睦美は、「見えにくい」インドシナ難民の生徒のありようを詳細に描いている[2]。

　そして2000年ごろから、日本生まれの子どもたちが就学するようになった。日本で生まれ、地域や保育園での生活を通して日本語で育った彼らは、日常会話や日本の文化、日本の生活に何の問題もない。なかには日本名で生活しているものもあり、外国にルーツを持っていることが一層見えにくくなっている。日本生まれで日常会話に問題がないために、「日本語指導が必要な児童生徒」という枠組みから外れてしまい、何のサポートも得られないまま学校生活を送っている。では、彼らは本当に問題がないのだろうか？筆者は、中国帰国者三世四世の日本生まれの子どもたちが通う小学校を2年にわたって参与観察したが、「ぺらぺらしゃべれるし、なんも問題はない」、「日本人にももっとしんどい子はたくさんいる」との現場の教員の声とは裏腹に、子どもたちのほとんどがダブルリミテッド（日本語中国語ともに生活年齢相当に達していない状態）にあり、低学力からくる進学率の低さや親子のコミュニケーションという深刻な課題を抱えていることを明らかにしてき

た[3]。

　日本におけるニューカマーの子どもたちへのこれまでの教育支援をまとめると、学齢途中編入児童を受け入れていた時代は、日本語至上主義で母語母文化教育をおきざりにしてしまい、日本生まれ児童が就学するようになると、母語母文化教育だけでなく日本語での学習支援すらもおざなりにしてしまったことがわかる。つまり、現在小中学校に通っている子どもたちは、外国にルーツを持っていることや支援の必要性が、「見えにくい」どころか、まったく「見えない」子どもたちになってしまっているのである。

　以上、ニューカマーの子どもたちの教育をめぐる課題を概観してきたが、日本社会において、子どもたちのルーツを認めてエンパワーしたり、その言語や文化を保持したりする母語教育の重要性がほとんど認識されていないことは明らかであろう。しかし、少数ではあるが、子どもたちのルーツに着目して母語教育を行っている学校や地域がある。筆者はこれまでその中のいくつかの母語教室を観察してきたが、母語教育の意義や目的、課題や方向性を語るとき、その言語の話者だけに関わる問題だとされることに疑問をいだいてきた。なかには、母語教育の必要性を積極的に認めていない日本社会において、母語教育を実施しているだけでもすばらしいという評価を耳にすることもあった。しかし、フィールドワークを続けるうちに、一方では多文化社会や多文化共生の重要性を叫びながら、もう一方でマイノリティの当事者だけに視点をあてた教育を展開することは、もはや時代遅れなのではないだろうか、国際社会に対応できるように概念を拡大した新しい母語教育の理念が求められているのではないだろうかと思うに至った。本章では、これらの問題に少しでも解決の道筋を見つけるべく、国際共生という視点を取り入れた母語教育の可能性を論じたい。

## （2）教育における国際共生

なぜ国際共生の視点を取り入れるのか。その有効性を考えてみたい。これまでの外国人児童をめぐる学校教育を振り返ると、「共生」という視点が欠落しており、その代わりに国際理解教育、人権教育といった「教育」をベースにした枠組みが存在している。まず、「国際理解教育（Education for international understanding）」の取り組みを見てみたい。これは、1990年代以降、積極的に学校教育の中に取り入れられるようになり、一般的には社会科や英語科などの教科を通した学習や「総合的な学習の時間」での取り組みが中心である。国際的な視点を養うための教育ではあるが、国際イコール英語、あるいは英語圏の文化を学ぶことに終始する傾向が強く、その文化も3F（Fashion, Food, Festival）的な要素にとどまっている。学びあいというより、英語圏の文化や言語を受動的に学ぶ知識注入型がほとんどで、互いの関係性に触れるまでには至っていない。

また、地域に外国人が集住している地域では、彼らの国や文化について学ぶこともある。例えば、大阪市の小学校における国際理解教育は、外国人児童生徒が通う教育センター校の制度や外国人児童生徒の心情を理解してもらうことを目的としており[4]、教育活動案の目標には、「外国からのお友達」に自分にできることは何かを考えることと記されている。そこには理解する側と理解される側、援助を必要とする側と援助をする側というように、二項対立的に存在が規定されている。また学校生活において、外国人児童生徒が日本に同化することが最終目標とされており、その過程で現れる様々なずれを日本人児童が理解するための教育でもある。そのため、両者の違いを学ぶことはできても、両者のあり方を変革させることはできない、また理解される側、援助される側が主体的に関わることができないという欠点があることは否めない。

また、「人権教育（Education of Human rights）」という教育もある。

これは、障害児教育や男女共生教育、沖縄やアイヌの人々に関わる学習など、日本社会に暮らす多様な人々とその人権に関する教育を指している[5]。同和教育や在日韓国・朝鮮人教育もその範疇におさめられており、近年ニューカマーの子どもたちの教育も同じ枠組みに入れられている。学習では、相手の言語や文化、またその歴史を知り、理解することを通して、違いを差異化することに焦点があてられているため、相手の存在を認め、尊重する姿勢を育てることはできるが、協働関係を築いたり、両者の新しいあり方を生み出したりするものではない。

次に挙げるのは「多文化共生」という比較的新しい概念である。これは外国人集住地域で行政の在り方を表すビジョンの1つとして使われ始め、その後、学校教育へと広がった。英語訳は自治体や研究者によって異なっている。例えば、静岡県のHPでは多文化共生をmulticulturalismとしているが、浜松市は多文化共生都市をintercultural cityと訳している。multiculturalよりinterculturalのほうが、文化間の相互作用や関係性の変容度がより高いことを示していると考えられるが、山脇啓造はこの点について、multicultural とinterculturalの二つの概念を区別することが重要で、日本の多文化共生の概念は、後者に近いと思われる[6]と述べている。

では、学校教育における多文化共生のありかたを見てみたい。筆者がこれまで観察してきた多くの小学校では、多文化共生が学校目標の1つとされており、複数の文化が学校内に存在することを認め、互いの文化を理解しあうための取り組みが行われていた。例えば、日本語以外の言語での掲示物や校歌、学校案内が作られたり、日本語以外の言語の教室が開かれたりしていた。また、民族的行事を通した文化体現も行われていた[7]。これまでの国際理解教育が、日本人側が外国人児童の文化や言語を理解することを目的としていたのと比べ、外国にルーツを持つ子どもが参加でき

る活動が多く、また校内で実施することによって、互いに理解しあうことが容易な環境にある点は評価できよう。しかし、複数の文化は別個のものとして扱われ、相互の積極的な働きかけはない。日本人児童は言語の教室にも文化体現にも参加できず、一方外国にルーツを持つ児童はルーツで規定されることに反発する姿が見られる。確かに多文化は存在している。しかし、いずれの視点も、日本人児童がもう一方の文化や言語の存在を知り、認める、そして外国にルーツを持つ児童が自分の文化や言語の存在を知り、認めるというところで完結しており、相互に高めあう、成長していく、働きかけを行う段階までは至っていない。そこで、筆者が援用したいのが国際共生の概念である。

ここで教育における国際共生について考えてみる。黒澤満は、国際共生を「基本的には国際社会における行動主体の間において、お互いに積極的に努力し協力し、両者にとってともにプラスに働く状況を作り出すことであり、国際社会全体をより平和で安全なまた公平なものにすることを目指すもの」としており、それはポジティブサム（双方がプラスになり総和がプラスになる）の関係にあるという[8]。国際社会を学校（あるいは教育が行われる場）から捉えなおしてみると、国際とは複数の文化が別個に存在するのではなく、相互に絡み合うもの、つまり相互作用により、各文化が共存して生まれ得る新しい文化の総体をさしている。前述の山脇の理論によれば、multiculturalよりinterculturalのほうが適切である。共生とは文字通りlive togetherであるが、子どもたちが学校で相互に主体的に働きかける行為を通して、人間としての資質を高め成長していくことを考えると、liveが多様な意味を含意することは明らかであろう。to study, to know, to empowerそしてmutually matureという非常に重要な意味を持つのである。本論では、教育における国際共生を「どの国にルーツを持っているかということで線引きされることなく、主体的に関係性を構築し協働活動を

行うなかで、日本人児童およびニューカマーの子どもたちの双方が、個人的な利益をえることはもちろん、人間として内面的に成長していくこと、そのことが学校全体ひいては社会全体の利益を促進するもの」と定義し、論を進めることにする。

## 2 母語教育の意義

母語教育の意義とは何だろうか。これまでその理念と考えられてきたものには、
① 言語能力や文化を保持する
② 言語や文化の学習を通して、その集団への帰属意識を持たせる
③ 言語や文化を子どもたちに継承する
④ 言語や文化を通して、親子間のコミュニケーションを維持する
⑤ 母語の能力を高めることにより、第二言語の学習へプラスの転換を図る
⑥ 国際社会に貢献できる社会的、個人的「資産」として、言語をとらえる

などが挙げられる[9]。忘れてならないことは、母語教育の対象者や目的によってその理念は異なるということである。例えば、来日して間もない外国人や、帰国の予定がありいずれは母語の教育制度に戻る者などは①が、その言語や文化と疎遠になっている者には、②や③があてはまるだろう。共通の言語が存在しないために親子のコミュニケーションが図れない家庭、例えば、中国語が話せなくなり、親に文房具を買ってくれるよう頼めなくなっているような子どもには④があてはまるだろう[10]。また、在日韓国・朝鮮人教育の長い歴史と伝統で有名な大阪が行っている母語教育は、その目的を「在日韓国・朝鮮人生徒に民族的自覚を持たせる

ため」としていることからもわかるように、②のアイデンティティの構築は、教育の中で母語教育を行う際の十分な根拠となっている[11]。

⑤は、近年母語教育の研究者や母語教室担当の教員の間で認識され始めた説であり、カミンズの二言語相互依存仮説に基づいている。次の図9-1は仮説をモデル化したものであるが、母語(L1)で培われた深層部分の能力が第二言語(L2)習得に有利に転移することを示している。

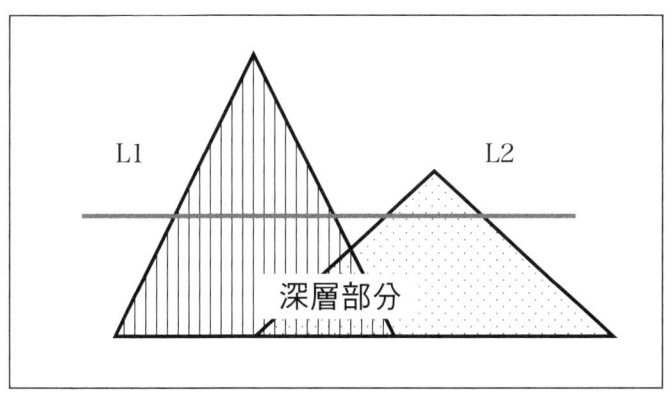

図 9-1　二言語基底共有モデル
(Cummins & Swain 1986: 81)[12]

日本ではこのモデルの有効性を示す実証例はないが、教員の間では「母国で学習経験がある子どものほうが、来日当初こそ日本語がわからなくて遅れているように感じるが、いったん日本語が理解できるようになれば、学習についていけるようになる。いちばん学習困難が感じられるのは、むしろ日本生まれでどっちの言語でも思考できない子どもだ」という声がよく聞かれ、経験値として共有されているようだ。⑤の意義が有効に働くのは、母語能

力がある程度発達した児童生徒であろう。⑥もまた近年注目されている理念で、「母語＝資産[13]」という捉え方はカナダでマイノリティの母語教育を推進する際に使われている。中島は「移住者が持ち込んだ多様な言語を前向きに評価し、それを国を豊かにする言語資源と位置付けたもの」としたうえで、「彼らの言語を維持・伸長させることは彼ら（マイノリティ側）に役に立つばかりでなく、われわれ（マジョリティ側）にとって役に立つ資源づくりになる」と説明している[14]。つまり個人の言語能力が国家にとっての有益な人材になるというのである。

　現在の日本での母語教育は①②が強く理念として挙げられており、子どもたちと実際に向き合っている教員や学校でやっと③や④が認識され始めている段階だといえる。残念なら、⑤や⑥の意義は研究者間での情報共有に留まり、まだまだ広く一般に浸透しているとは言い難い。しかし、①から⑥をよく見てみると、どの意義もマイノリティ話者やそのコミュニティのみに限定されている点を批判的に捉えたい。一部の子どもたちだけが受益者となるような取り組みでは、今後広く母語教育を推進するうえで国民の理解を得ることはなかなか難しいであろう。現に、公教育で母語教育を実施運営するに当たり、「学校内での母語教育は日本人の子どもが対象ではないので予算がつかない」という理由で却下されてしまうこともあるという（2013年3月国際ボランティアネットワークIVY理事西上氏のインタビューより）。日本の母語教育はまだまだ狭義に捉えられ、その活動範囲や対象を狭めていることがわかる。

　3では、日本での母語教育の実践例を見ながら、母語教育の意義や課題について検討し、続く4では国際共生をベースにした母語教育の可能性を論じることにする。

## 3　母語教育の実践例—学校と地域の事例から

### (1) ルーツの確認としての母語教室

まず、公立小学校での母語教育の事例を見てみよう。筆者は、2010年から中国帰国者集住地域にある公立小学校でフィールドワークを行っている。表9-1は、その小学校の概要である。

表9-1　B小学校の概要

| 児童数 | 280名（うち90名が中国帰国児童） |
|---|---|
| 母語教室 | 授業時間内に学年ごとに抽出授業　週に1回 |
| 母文化体験 | 運動会アナウンス、民族的行事の参加（舞踊や歌など） |
| 日本語教室 | 授業時間内抽出・入り込み支援　週に1回～5回 |
| 名前 | 90％が入学後に中国名使用 |

(2010年4月現在)

この表を見ると、学校が1で述べたように外国にルーツを持っていることが「見えない」子どもたちを「見よう」としてルーツに着目していることがわかる。「この子らは日本と中国という2つのルーツがあるんやから、2倍幸せにならなあかん」という校長先生のことばが示すように、母語教室だけでなく、文化の体験やそれを披露する行事への参加が積極的に行われている。「見えない」子どもたちへの支援がほとんど見落とされていることを考えると、この小学校に通う子どもたちは恵まれているといえるだろう。しかし、長期にわたってフィールドワークをするなかから見えてきたのは、それらの取り組みに反発あるいは抵抗する、またはあきらめたり無関心を装ったりする子どもたちの姿であった。子どもたちの心や言葉を育み、エンパワーするはずの取り組みでありながら、なぜ子どもたちは受け入れることができないのか。学校と子どもたちの間に生じているいくつものずれに着目し、向き合いながら実践を問い直してみた。

まず、子どもたちの親の言語である中国語を学習する母語教室についてその実施状況を述べる。子どもたちは学年ごとに抽出され、正規の授業時間内に日本語教室で中国語を学んでいる。内容は学年によって異なっているが、日本生まれで読み書き能力を持たない子どもたちが多いことから、あいさつや数字などの基本的な語彙から始められている。入学当初の1年生に対しては、自分の名前を書く、発音するなどの授業が行われていた(2010年4月)。学年が上がるに従って、天気や日常生活の語彙へと積み上げられ、3年生ぐらいからピンイン[15]指導がおこなわれる。筆者が観察した3年生の最初のピンイン授業では、9人の児童のうち指導されなくても自分の名前を漢字とピンインで書けたものはわずか1名で、残りの児童は先生に教えてもらいながらなんとかまねて書いている状態であった(2010年5月)。この授業の様子だけを見ても、彼らが中国にルーツを持つ子どもたちとひとくくりにされてはいるものの、実際は中国語がほとんどできず、母語とよべるほどの運用能力を持たないことは明らかである。この小学校で10年にわたって母語教育や学習支援に関わってきた先生は、「1週間に1回だけでは不十分、やはり読み書きができないと仕事には結びつかない」と中国語を彼らのキャリア形成への積極的なツールとするために、土曜日にもボランティアで中国語を教えてきたという。この地域で長年卒業生の不安定な進路を見守ってきたからこその思いである。週に1度の中国語教室は、中国にルーツを持つ子どもたちは参加が必須であり、拒否することは難しい。しかし、逆に言えば好むと好まざるとに関わらず、中国語に触れる機会を得られるというメリットは、それが学校の中で正規の授業時間内に行われているがゆえであろう。一方でもちろんデメリットもある。学校や日本人児童からの「彼らは中国にルーツを持つのだから、中国語を学ばなければならない」という融通の利かないただ1つの強固なまなざしが向けられていて、それに応え続けなけれ

第9章 母語教育とアイデンティティ－中国にルーツを持つ子どもたちを中心に　183

ばならないのである。そしてそのまなざしの根底には、子どもたちは「中国にルーツを持つ」というアイデンティティを選ぶべきであり、それは不可変のものだ」という前提がある。これは在日韓国・朝鮮人教育の流れを引き継いでいることにも起因するかもしれないが、いずれにせよ子どもたちにとっては窮屈な境界であることに変わりはない。

　次に、子どもたちにルーツを持つ国の文化を経験してもらうための学習、母文化体験について述べる。この小学校では積極的に文化体験を学外に披露しており、低学年では歌や詩の暗唱、高学年では獅子舞や中国舞踊にチャレンジすることになっている。年に数回ある行事の前になると、子どもたちは昼休みも放課後も日本語教室や体育館に集まり、練習を重ねる。この過程を、自己体現として受け入れていく児童も少なくない。例えば、民族衣装の美しさに「あの衣装着て、踊りたい」と毎日学校に来て練習をするうちに、不登校を克服した女児や、日常の学校生活ではあまり目立つことがないが、獅子舞を踊りきり「お母さんによかったってほめられてん」と自慢げに語る男児などもいる。一方で、このように一方的で早急的な(内面化していない文化を短時間で貼り付けているだけ)文化体現に抵抗を示す子どもたちも多い。「うち、中国人ちゃうし」、「なんで出なあかん」、「そんなん無意味」と訴える子どもたちは、生活体験を伴わない文化や言語の披露に意味を見いだすことができない。「やりたない」という声は、取り組みを拒否しているのでも教員に反抗しているのでもなく、ただ、今自分がここで獅子舞を踊らなければいけない理由がわからないだけなのである。なぜ、彼らは文化体現を自分のものとできないのか、もちろん日本生まれだからということもあろう。中国に行ったことがない、というのも1つの理由であろう。しかし、最も重要なことは、彼らは祖父母や父母の「中国から日本へつながる歴史や経緯」をほとんど継承していないことにあるだろう。子どもたちは

歴史から切り離されてここにいるのである。また「うちは日本で生まれてるし、別にやってもらわなくてもいいですよ」という声が親からもあがっているように、親自身も多様なルーツを選び取っているのである。

　以上見てきたように、B小学校における母語母文化教育は、1）その目的が「ルーツの確認」に偏重していること、2）子どもたちの多様性―日本生まれであること、中国語の能力、中国での生活体験の有無、子どもや親の思い、家庭における歴史や文化の継承の有無など―が一切考慮されることなく、「中国にルーツを持つもの」としてまなざされ、固定的なアイデンティティを要求されていること、3）一切の実践に日本人児童が関わっていないこと、という3点の課題があり、国際共生の実践の場には程遠い現状が明らかになった。

(2) 国際共生をめざした実践

　次に、国際共生を目指した実践例を紹介する。山形に小さな母語教室、「子ども中国語教室」[16]（国際ボランティアネットワーク山形IVY主催）がある。国際結婚で中国や台湾から来日した母親によって設立された教室[17]で、筆者は2010年から定期的にフィールドワークを行ってきた。ここで本教室を取り上げる理由は、日本人児童が参加している点にある。当初は国際結婚家庭の子どもたちのみを対象にした教室だったのだが、2012年より日本人児童が参加するようになった。その相互作用を観察したデータから、日本人児童が加わることによって教室はどう変わったのかを明らかにし、国際共生をめざした母語教育を論じる手がかりとしたい。次の表9-2はこの教室の概要である。

第9章 母語教育とアイデンティティ－中国にルーツを持つ子どもたちを中心に　185

表9-2　子ども中国語教室の概要

| | |
|---|---|
| 学習者数 | 9名（国際結婚家庭の子ども8名　いずれも母親が中国人＋日本人家庭の子ども1名）<br>学年は小学校1年から中学校1年まで |
| 活動回数 | 週に1回　2時間　公民館での活動 |
| 活動内容 | レベルと学年に合わせて2クラス<br>　　　下のクラス－会話＋文化体験（切り絵など）<br>　　　上のクラス－「語文」を使った文法や会話 |
| 教師 | 子どもたちの母親（中国人）2名が中心となっている |
| 月謝 | 1か月500円　兄弟割引制度あり |

（2013年3月現在）

　陽菜(日本人児童　小学校1年女児)は、2つあるうちの下のクラスに参加している。このクラスには、良太(小2男児、母親が中国人、兄(小5))と芳恵(小1女児、母親が中国人、姉(小4))がいる。教室を観察するにあたっていくつかの疑問があった。陽菜はまったく中国語が話せないのだが、中国人の母を持つ良太、芳恵と一緒の中国語教室で何らかのギャップや違和感を抱いているだろうか。良太と芳恵は、母親が中国人であることは周知の事実であり、中国語教室に通うことは自他ともに自然なことであろうが、中国と関係がない日本人である自分が中国語を学ぶことを陽菜はどのように感じているのだろうか、また良太と芳恵は、陽菜が参加することをどのように思っているのだろうかという3点である。

　2012年10月の授業を見てみよう。この日は、絵カードを使用して果物の名前を学習していた。全員で何度も練習したあと、一人ずつ順に発音していく。

　　先生：(カードをめくって、芳恵のほうを向く)
　　芳恵：*葡萄*(ブドウ)
　　先生：*好*！(次のカードをめくって)良太くん
　　良太：ん、、*香蕉*！(バナナ)

先生：*好！*（次のカードをめくって）陽菜ちゃん
陽菜：*西瓜、西瓜！*（スイカ）

　陽菜はまったく臆することもなく普通に授業に参加しており、日本人児童であるというハンディはまったく感じない。ハンディどころか3人の中で最も発話の声も大きく、積極的に質問したり、答えたり、体を動かしたりしている。むしろ教室の流れを引っ張っているようにさえ見える。果物カードの次は、天気カードである。打雷（雷）、下雪（雪が降る）、刮风（風が吹く）等の天気用語の発音練習が繰り返された後、新聞紙を横にして細く棒状[18]に切るよう先生から指示があった。

先生：*下雨！*（雨が降る）
子どもたち：*下雨、下雨、下雨。*（新聞紙を上から下へと動かし、雨を表現する）
先生：*刮风！*
子どもたち：うわー、*刮风—。*（新聞紙を左右に揺らし、風が吹いていることを表現する）

　このように体や物を使って単語を学習していた。最後は「*下雪!*」という先生の合図に子どもたちは、新聞紙を細かく切り始め、上から紙ふぶきのように散らして「*下雪、下雪*」と走り始めた。良太も芳恵も陽菜も楽しそうに声を出しながら走り回っていた。そこには、中国人だからとか日本人だからという線引きはまったくなく、逆に陽菜が良太に教えたりする場面も見られた。陽菜がハンディを感じずに授業に参加できる理由はいくつもあるが、その1つに良太や芳恵の中国語のレベルが陽菜と変わらない点があげられる。国際結婚の特性、特に山形のように三世代同居が当然の社会では、母親が中国語で子育てをするのは難しい。中国人の母親を持つとはいえ、家庭内言語が日本語であるため、良太や芳恵が

中国語を学ぶ機会はこの教室に参加するまでほとんどなかったという。もう1つは、授業が「外国語としての中国語」としたカリキュラムで進行されている点である。日本人が初めて中国語を学ぶように、幼児が初めて外国語に触れるように、1つずつ丁寧に授業が展開されているのである。授業後、陽菜に授業について聞いてみると次のような答えが返ってきた。

　　筆者：中国のお友達といっしょに勉強するのは、楽しい？
　　陽菜：うん、楽しいよ。
　　筆者：どうして中国語を勉強しようと思ったの？
　　陽菜：えー、えーっとね。算数や国語もいっしょに勉強し
　　　　　てるよ。

（2012年10月13日インタビュー）

　陽菜の発言からもわかるように、中国語は彼女にとって特別な学習ではなく、算数や国語の教科学習のように、友達と一緒に学ぶ科目の1つに過ぎないというのである。同じ質問を芳恵にも行ったところ、「どうしてそんなことをわざわざ聞くのか」と逆に質問され、中国にルーツを持つ子どもと一緒に日本人が中国語を学習するということをわざわざ取り立て、その意義を問いただそうとしているのは、我々研究者の勝手な思い込みであるのかもしれないと気づかされることとなった。席を並べ、科目や言語をともに学習することを当たり前に感じている子どもに「日本人と一緒に学習するのはどう？」と尋ねるのは滑稽以外の何物でもないだろう。

　学校教育もそうだが、教員や我々大人がルーツによる枠組みを勝手に作り上げ、そこにあてはまる子どもを押し込み、そのなかだけで教育を実践している。しかし、教室に外国人の子どもがいることがかなり当たり前になってきている今の学校社会において、外国人対日本人という構図のみで子どもたちを縛ることには

もはや限界があろう。また外国人や外国にルーツがあるといってもその背景はかなり多様化してきており、ルーツは彼らを構成する属性の1つに過ぎないことを今一度認識すべき時が来ている。いや、子どもたちは既に認識しており、時代遅れの枠組みを押し付ける大人に対して反抗しているのだろう。

授業を教室の後方で、時にはメモをとりながら熱心に子どもたちの様子を観察している陽菜の母親にも、授業後にインタビューを行った。

 筆者：どうして陽菜ちゃんを中国語教室に入れようと思われたんですか？

 陽菜の母：幼稚園のころから、この教室のことを知って早く入れたくて、予約してね(笑)、小学校に入ったらすぐに連れてきてね。

 筆者：どうして中国語だったんですか？

 陽菜の母：親が年で(笑)(陽菜は)一人っ子なので、いろんなネットワークを作ってほしいと思って。国と国がもめても、鈴木先生の国だ、良太君の国だって顔が見えたら、けんかしないでしょ。それって大事だと思う。

(2013年3月9日)

山形の実践例から、母語教育の場に日本人が参加することは可能であり、その是非を問うているのは教員や研究者だけであることもわかった。子どもたちの間には、国籍やルーツ、言語による壁は全く存在していなかったのである。「一緒に勉強するのは楽しいし、普通じゃないの？」という陽菜の言葉と「なんでわざわざ日本人と勉強するのはどう？とか聞くの？」という芳恵の言葉を、反省をこめて今一度かみしめたい。

## 4　むすび―国際共生から考える母語教育とは

　日本の学校や教育システムは、二項対立から逃れるのが難しい。教師と児童生徒、日本人と日本人以外といった対立的な構図が暗黙の了解として認識されており、人々はその中での位置づけが常に固定化されている。その中を自由に行き来することは許されていない。国際共生が、枠を持たない多種多様な人の集まりによって構成され、だれもが利益を受けることができる積極的で主体的なものと位置付けるならば、母語教育においても外国にルーツを持つ児童生徒と日本人という二項対立を廃止した新たな枠組みの構築が求められる。筆者は、これまで小学校での母語教育の実践を観察し、その課題を明らかにする一方、母語教室を協働活動の場として日本人児童やその他の言語にルーツを持つ児童生徒へ活動の範囲を開いてはどうかと提案してきた。しかし、前述したように母語教育は、日本人児童を一切含まないその言語話者だけの問題として論じられることが多く、学校全体の問題として捉えられていない。学校ひいては社会全体の問題として認識していくためには、その言語話者と日本人児童生徒双方にとって意義があるものでなければならないが、これまでは日本人児童生徒には何の利益ももたらさないものとされてきた。

　では、双方に利益があるものとしていくために何をすべきか。まず母語教育の概念の拡大である。そこで、2で述べた母語教育の6つの意義に7番目として新たな意義を付け加えたい。それは、すべての人にとっての個人的な言語資産を育てること、それを通じてエクストラ＆ヤウムルが言うように言語や文化の多様性、複合性に対応できる能力を育成することである。これが先に国際共生の定義で述べたところの個人的な利益であり、さらに社会の利益に還元できるというものである。しかし、学校教育において母語教育の機会を全児童に開放し、希望者は誰でも学ぶことがで

きるような柔軟なシステムはなかなか受け入れられにくい。「母語」ということばに縛られているのもまた事実である。

山形IVYの例は、日本人と中国にルーツを持つ子どもたちという二項対立を破っただけでなく、そこに関わる親や日本人コーディネータへとその範囲を拡大しながら、枠組みを広く大きく作り上げていった好例と言えるだろう。ともに言語を学ぶことによって、言語能力の向上という狭い範囲の成長だけではない意義があるはずだ。

国際共生という視点から見た意義を考えてみよう。まず、外国にルーツを持つ子どもたちにとってはどうであろうか。これまで捉えられてきた狭義の母語教育の意義であるルーツを持つ国の言語や文化を学べる、学びを通して親や祖父母とつながる、またその歴史を理解できる、言語を学ぶことによって親やその国に残る親戚たちとの交流が深められる、自分はなにじんかと考えるときにアイデンティティを構築する助けとなる、同じルーツを持つ仲間同士という連携やネットワークを持つことができる、その言語を自らの資産としてキャリア選択に生かせる、日本人やほかのマイノリティとともに学ぶことによって教え、教えられるという関係性の組み換えができる、ルーツは自分を構成する属性の1つであることを認識できるなどである。これらの意義は、子どもたちの成長を長いスパンで見守る中で育てるべきものであろう。

では日本人の子どもたちにとってはどうであろうか。まず、新たな言語を学ぶことができ、それが資産につながることはいうまでもない。また、多言語や多文化環境に身をおくことによって自分のアイデンティティを確認したり文化を再認識したりできる、多文化社会を体で感じる、複言語主義を自分のなかに育てる、その過程を通して国際社会を生きていく素地づくりができるなどがある。

このような新しい母語教育を通して、外国にルーツを持つ子ど

もたちと日本人の子どもたち双方がともに成長し、高め合い、前述したような個人的な利益を得ることはもちろん、その関係性や利益は今後の社会の平和と安定に還元されると信ずるものである。国際共生の視点を取り入れた母語教育が、当たり前のように行われる社会でありたいと願って稿を終えたい。

　本章を執筆するに当たり、ご協力をいただきましたB小学校の先生方と子どもたち、山形IVYの西上紀江子氏、先生方、子どもたち、保護者の皆様に心より感謝いたします。なお、本章に出てくる人々は、西上氏をのぞきすべて仮名です。

[註と引用参考文献]
1：太田晴雄「日本語教育と母語教育—ニューカマーの外国人の子どもの教育問題」宮島喬・梶田孝道編『外国人労働者から市民へ—地域社会の視点と課題から』有斐閣(1996年)、137頁。太田晴雄『ニューカマーの子どもと日本の学校』国際書院(2000年)、223-225頁。
2：清水睦美『ニューカマーの子どもたち　学校と家族の間の日常世界』勁草書房(2006年)。
3：高橋朋子『中国帰国者三世四世の学校エスノグラフィー　母語教育から継承語教育へ』生活書院(2009年)。
4：大阪市教育委員会「帰国・外国人児童生徒とともに進める教育の国際化推進地域」最終報告書(2004・2005年)、17頁。
5：中島智子「多文化教育研究の視点」中島智子編『多文化教育　多様性のための教育学』明石書店(1998年)、27-28頁。
6：山脇啓造　http://www.clair.or.jp/j/forum/forum/pdf_270/13culture.pdf、(2012年)
7：高橋朋子「門真市立砂子小学校の取り組み—中国にルーツを持つ子どもたちのために—」『月刊みんぱく』国立民族学博物館(2011年5月)、18-19頁。
8：黒澤満「まえがき　国際の平和と安全保障」『国際関係入門』東信堂(2011年)、ⅳ頁。
9：高橋朋子「移民の母語教育」『多言語化する日本』三元社(2013年)、89－105頁。
10：高橋「前掲書」注(3)、118－119頁。

11：中島智子「連続するオールドカマー/ニューカマー教育」志水宏吉編『高校を生きるニューカマー』明石書店(2008年)、62-63頁。

12：Cummins,J.&Swain,M., *Bilingualism in Education: Aspects of Theory Research And Practice*, Longman(1986), pp.81.

13：資源と資産について、本章では個人の能力について言及する場合、それを意識的に増殖する意味から「資産」を使用し、国家の利益について言及する場合は「資源」を使用する。

14：中島和子「カナダの継承語教育その後―本書の解説にかえて」ジム・カミンズ、マルセル・ダネシ著　中島和子・髙垣俊之訳『カナダの継承語教育　多文化・多言語主義をめざして』明石書店(2005年)、176頁。

15：ピンインとは中国語の発音を表記するためアルファベットを借りて作られた発音記号のことであり、発音練習や辞書引きに必要となる。

16：http://ivyivy.org/

17：詳細は、髙橋朋子「母語教育の意義と課題―学校と地域、2つの中国語教室の事例から―」『ことばと社会　リテラシー再考』第14巻、三元社(2012年)、320-330頁を参照されたい。

18：チアリーダが持つポンポンを、新聞紙で作ったようなものと考えればイメージしやすいだろう。

19：髙橋朋子「中国帰国児童の主体的な関係性の構築をめざして」『異文化間教育』第37号(2013年5月)、28-29頁。

20：庄司博史「「資産としての母語」教育の展開の可能性―その理念とのかかわりにおいて」『ことばと社会　移民と言語②』第12号、三元社(2010年)、43頁。

第 9 章　母語教育とアイデンティティ－中国にルーツを持つ子どもたちを中心に　193

### 文化の体現者

　アメリカの大学に交換留学をしていた日本人の大学生が、帰国し、その体験を伝えるセミナーに参加した。彼女は、英語で苦労したことやホストマザーとの考え方の違いに苦労したことなどを一通り話したあと、最後に「でもいちばん困ったのは、ハローウィンの時、ゲイシャの格好でパーティに来てほしいって言われたんです。でも私は四国で生まれ育って、芸者さんを見たこともないし、どんな化粧をしているのかも知らないし、できなくてがっかりされて悲しかった」としめくくった。聴衆は笑っていたが、筆者はアメリカでの彼女の困惑と、日本の小学校の文化行事で獅子舞を踊る中国にルーツを持つ子どもたちの戸惑いが、同じ類のものなのではないかと感じて胸が痛かった。

　芸者を知らない彼女はただ日本人というだけで、ステレオタイプ的な日本文化の象徴になることを求められ、日本で生まれ中国に行ったこともなく、中国語も話せない子どもは中国にルーツがあるからといって獅子舞を演じることを求められる。ルーツがある国の文化や言語を知っているはずだ、あるいは知っているべきだというまなざしは時に当事者の思いと大きくかけ離れている。

　ある文化や言語はそこにルーツを持つ者だけのものという捉え方を捨て、そこに関わる全ての人にとっての共有かつ協働的な対象物であることを自覚すべきときが来ているのではないだろうか。つまり、芸者になるのはアメリカ人でもいいし、獅子舞を踊るのは日本人児童であってもよいのである。

# 第10章

## 進学問題と教育支援
―ニューカマー児童・生徒の場合

乾　美紀

## 1　はじめに―ニューカマーと教育問題

### (1) 問題の所在と研究の目的

日本にニューカマーが増加してから30年以上が経過している。ニューカマーとは、戦前期から日本に在住する在日コリアンや在日中国人(華僑)などのオールドカマーと区別し、1970年代以降に日本に居住することになった外国人を指す。ニューカマーには、サービス業で働くためにフィリピンやタイから来た女性労働者、中国東部からの帰国者、ベトナム・ラオス・カンボジアからのインドシナ難民、非正規の外国人労働者、ラテンアメリカ諸国からの出稼ぎ労働者、国際結婚による居住者などが含まれる[1]。

特に1980年後半、日本が好景気のため労働力を必要としたこと、出入国管理及び難民認定法が改正されたことを機に、日系南米人の労働者が増加し、日本社会が国際化・多文化化するようになった。平成22年度の「日本語指導が必要な外国人児童生徒数」は28,511人で、その教育段階別内訳は小学校18,365人、中学校8,012人、高校1,980人、特別支援学校132人、中等学校22人であり、教育段階ごとに少なくなっている[2]。高校の人数が少ないことには、高校まで進学できる生徒が少ないということが考えられるだろう。

筆者がかつてニューカマーの高校進学率について整理したとこ

ろ、自治体によって進学率は大きく異なることや、高校進学率が日本人の半分程度(約50％)とみなされてきたことが明らかになった[3]。近年の調査では、公立中学校の外国人卒業生1,010人の高校進学率が78.9％であるという結果が報告されているが、これは集住都市のケースである[4]。いずれにせよ、現在の日本では高校以上の教育現場で外国人生徒が散見されない、つまり民族的な多様性が見られないことが現実である。

　バンクスによると、多様性は私たちの国、地域、そして学校を豊かにする。また、多様性は学校、大学に世界の現実を反映した環境で教育したり、異なる背景を持つ人々とどのように暮らし、社会正義を促進するための決断や行動を起こす方法を教える機会を提供したりする[5]。つまり多様な背景を持つ生徒が学校にいることにより、生徒たちが多様性の中で異なる背景を持つ人々と共生する力をつけ、学ぶことができるのである。筆者はこのことこそ、本来の意味での「国際共生」であると定義したい。なぜならば、子どもたちが教育現場を通して多様性の中で葛藤しながら生きて行くことこそ、将来国際社会で生きていく力となるからである。しかしながら、日本ではニューカマーの生徒が義務教育以降の段階で、日本人と同じ入口にさえ立てない状況にある。つまり、多様性を享受する段階には到底達しておらず、多様性がもたらす教育効果について議論できる素地がまだ十分ではないのが現状である。従って本稿では、ニューカマーが、少なくとも日本人と同様に、あるいは近い状況で高校への入り口に立つ状況に達することを「国際共生」と定義し、ニューカマーが高校進学を果たすためにはどのようなことが問題になっているか、そしてどのような教育支援が必要かをインタビュー調査を通して明らかにすることを目的とする。

(2) 研究の方法と調査地域

　本章の研究方法は、次の2段階に分かれる。まず、ニューカマー当事者を対象とし、高校進学に関する問題についてインタビュー調査を行い、その結果を先行研究と照らし合わせることにより、進学問題の根底にある要因を追究する。インタビュー対象は、①ニューカマーの生徒、②ニューカマーの保護者である。そして、ニューカマー当事者から得た知見を精査したうえで、次の段階として、教育支援機関(ニューカマーを対象とした学習教室)でインタビューや参与観察を行い、教育支援の実際の状況を観察しながら、国際共生を目指す教育支援の展望と提言を明らかにしていきたい。

　第1段階の調査地は主に兵庫県神戸市東部の外国人多住地域、NPO法人『こうべ子どもにこにこ会』(以下、にこにこ会と称する)の活動地域である。この地域には、食品、水産加工などの工場が密集し、主に日系南米人が多く居住しており、にこにこ会は主に外国人の子どもの学習支援を目的として活動をしている。筆者は2007年度より断続的ではあるが、学習補助教室でボランティアとしてかかわりつつ調査を行ってきたので、にこにこ会で学習支援を受けた中学生、高校生、大学生と現在でも繋がりを持っている。

　第2段階の調査地は、先の調査地と隣接する兵庫県芦屋市にある『こくさいひろば芦屋』(以下、国際広場と称す)である。にこにこ会は主な支援対象を小学生としているが、国際広場は、高校生までを支援対象としているので、進学の経緯について緻密な報告を聞き取ることが可能である。両調査地域は車で10分程度の距離にあるため、同時に両方の教室で教育支援を受けている子どもが見られる。なお、ニューカマー生徒が高校に進学しやすくするための「入学特別枠」[6]の制度は、全国的に広がってはいるが、調査地とした兵庫県にはその制度がなく、日本人と同様に試験を受けな

### (3) 先行研究における本研究の位置づけ

これまでニューカマーの生徒の進学問題と進学阻害要因について、研究を整理すれば、日本の教育システム―すなわち教育の提供者側の問題とニューカマー当事者―すなわち教育の需要者―が直面している状況から来る問題の2点に集約できる。

例えば、日本語を含む日本の教育システムが外国人児童生徒にとって参入しにくいこと[7]や学習内容の難しさから外国人生徒が高校に進学するのは至難の業であること、ニューカマーが入学できる特別枠があっても自治体に差異があること[8]、特別枠には普通科以外の進路が少ないこと[9]などが指摘されてきた。

一方で、ニューカマー生徒が置かれた状況については、例えばインドシナ難民の場合、成功したモデルの存在が限定されていることや家庭の経済的な問題が及ぼす影響のために進学が難しい[10]などが数々の研究者により指摘されてきている。また、ニューカマーは移動が多いことから、学習の継続性という点で、子どもたちに困難や負荷を与えているという指摘もなされている[11]。

このようにニューカマーの進学の阻害要因は多面的に論じられてきた。本研究では特に調査地域を絞り、当事者に詳細なインタビューを実施したうえで、可能な教育支援について事例を探りながら検討することを目的とする。

## 2 ニューカマーと進学の現実

### (1) ニューカマー生徒への聞き取り

ニューカマー当事者は日本社会で進学する時に何を困難と捉え、何を必要としただろうか。また保護者は子どもの進学について、どのような見解を抱いているであろうか。

第1段階の①ニューカマー生徒へのインタビューは、調査地域に在住する生徒8名を対象として、2011年8月〜2012年10月にかけて実施した。調査対象は、7名がにこにこ会、1名が国際広場で教育支援を受けた生徒であり、筆者とは顔見知りである。

ニューカマー生徒の背景や進路について多様な状況や見解を得るため、高校受験を控えている生徒から、大学入試を終えた学生まで幅広い年齢層のニューカマーを調査対象とした。対象者のプロフィールは、表10-1のとおりであり、F1以外は親の労働に伴って来日した。インタビューを実施する際、テーマは進学のことと伝えたが、筆者がある程度、調査対象の背景を知っていたこともあり、質問項目は特に定めず、「高校や大学に進学した時のことを」自由に語ってもらう自由面接法を手法とした。

表10-1　インタビュー対象の概略（生徒）

| 仮名 | 出身国 | | 来日時期 |
|---|---|---|---|
| P1 | ペルー | 高校1年 | 小4 |
| P2 | ペルー | 短大2年 | 小5 |
| P3 | ペルー | 大学1年 | 小4 |
| P4 | ペルー | 高校2年 | 小6 |
| B1 | ブラジル | 大学1年 | 小5 |
| B2 | ブラジル | 高校1年 | 5歳 |
| F1 | フィリピン | 高校3年 | 小6（親の国際結婚） |
| F2 | フィリピン | 中学3年 | 小6 |

データの分析は、収集したインタビューデータの中から「進学」に関連した言及や事柄を拾い出し、繰り返し現れるカテゴリーを抽出し、事象間の関係から理論を組み立てる仮説生成法を採用した[12]。調査対象の語りが進むと、希望の進学先に行くことができなかった場合や、進学について問題が見えた時は、ネガティブな経験（見解）を語り、進学を達成できた場合は、ポジティブな経験

(見解)を語る。筆者はそれをポジティブな語りとネガティブな語りに分けて、整理して記した。それらの言葉をカテゴリーに分類したうえで、キーワードとなった言葉を示すと、表10-2のとおりとなる。なお、表中の名前は仮名であるので、発言が分かりやすいように、ペルー出身4人をP1-P4、ブラジル出身2名をB1-B2のように記した。

表10-2　進学をめぐるニューカマー生徒の語り

| ネガティブな語り<br>(希望の進学先に行けなかった場合) | ポジティブな語り<br>(進学できた場合) | キーワード |
|---|---|---|
| ・家庭の経済状況が悪かったので、アルバイトをして勉強の時間が作れなかった。勉強の時間が足りなくなった (P2) | ・学費を気にせずどこでも進学していいと言われている (F1)<br>・高校ではNPOから奨学金をもらった。浪人時は授業料半額免除だったので予備校に行けた (P3) | 経済的な問題 |
| ・勉強が難しくて公立の普通科には行けなかった (定時制に進学)(P1)<br>・歴史の勉強についていけなかった。歴史の試験がない学校を受けることにした (F1)<br>・全日制の工業高校に行きたかったが、学力的に無理だと言われた (B2)<br>・(受験前だが) 定時制しか受からないと言われている (F2) | ・高校に入って急に難しくなった。ある先生に励まされて勉強を見てもらい、学力をつけた (P3)<br>・中学校では塾でもかなり勉強した目標を持って勉強した (B1)<br>・勉強については、言われたことを着実にこなした (P2) | 学力 |
| ・親が入試の制度が分からないので、どう説明してよいか分からなかった。親のためのガイダンスがないので、親が理解できていない (P2、P3)<br>・どんな高校があるか情報がない。私立と公立のシステムが分からない (F2) | ・親戚に入試の情報を教えてもらったので対策ができた (P1)<br>・帰国子女枠が適用されるという情報を得て推薦の手続きをした (P4)<br>・高校の先生が今の大学を教えてくれ、試験を受けることができた (B1) | 制度の理解 |
|  | ・NPOや教会の学習補習教室に参加。そのことが、とても役に立った (P2、P3、B1)<br>・小学校の先生が個人指導をしてくれた (B1) | 学習支援 |

以上、8名のニューカマーの生徒の自由な語らいから、キーワードを抽出すると、「経済的な問題」、「学力」、「制度の理解」、「学習支

援」が導き出される。これらは、先行研究とも重複するが、各キーワードについて、事例を挙げて検証していきたい。

　第一に、経済的な問題は進学を左右する大きな要因である。ニューカマーの場合、日本に経済的な基盤を持たないことから、経済的な問題が顕著に表れてくる。経済的な問題がある場合、学費が高い私立に進学することは極めて困難である。P3のように奨学金をもらえたケースは学業の継続が容易になるが、どの家庭でも経済的に困窮している。

　ただし同じ出身国の場合でも来日理由により事情は異なる。例えば、労働目的で渡日したF2は公立高校普通科に合格できない学力レベルと知り、私立を選ぼうとしたが学費が高いことを知って断念した。一方で、母親の国際結婚を機に渡日したF1は日本人の養父が経済的に裕福なので、進学先を選ぶことできると述べ、数あるファッション系の専門学校や米国の大学への進学を考えている。ニューカマーの進学を考える場合、国籍でひとまとまりに考えるのではなく、各家庭の背景を配慮すべきである。

　第二に、学力の問題はいまだ大きな問題である。多くの民族マイノリティの子どもの学業達成が低く、不平等な機会に晒されていることは、これまで多くの調査や研究によりなされてきた[13]。これはアメリカの1990年代に指摘されてきたことであるが、移民の学力の低さについては、PISA調査(Programme for International Student Assessment)においても明らかにされている[14]。今日の日本でも同じことが起こっているといえる。日本生まれで、就学前教育から日本の幼稚園などに行っている場合は、かろうじて日本語の基礎力は育成されるが、小学校在学途中で、日本の学校に編入した場合、言葉の習得から始めなければならないので、学習言語の習得と学力の定着には時間を要する。

　調査対象、P3(現：国立大学1年生)は、過去の学習経験を以下

のように振り返った。

> 　小4でペルーから日本に来た時、周りが何をやっているか全く分からなかったです。でも日本語ができたら(勉強)できると思って、淡々とこなしました。高校に入って急に難しくなったんだけど。【中略】【大学進学の時、何が起こった？】その励ましてくれた先生が、この大学ならこの科目を頑張るようにって、それが数学だったんですが、分からないところを個人的に指導して(学力が)伸びました。やる気になりました。

　これまで研究されてきたように、子どもの日本語能力が低いために「低学力」とみなされたり、日本語の問題のために、本来の学力の高さに関係なく通常よりも低ランクの高校に入学することになる[15]。母語が日本語ではない子どもたちの日本語能力が低いのは、ある意味当然である。塾に行かせるという選択もあるだろうが、ニューカマーにとって経済的な問題は深刻である。

　第三に制度の理解は、ニューカマー特有の問題と想定できる。前述のペルー人生徒(Ｐ３)は努力の結果、進学校に進学できたが、表２に示したように、特に入試について親が理解できなかったので、どの高校・大学を受けるのか理解してもらうことが難しかった経験を持っている。また、現在、中３で進路選択に迷っていたフィリピン出身の生徒(Ｆ１)は、親が高校に関する情報を持っておらず、私立と公立の差も分からないので、学校に任せきりだという。

> 【親はどのように言っていますか？】
> 高校のこと、分からないから好きにすればって。特に何も言わない。お金がかかるところは難しいって、それだけ。

入試の制度を理解できていない場合は、親から子へのアドバイスが難しく、子どもが親に、学校で得た情報を伝えることも難しい。情報量が多いことから、学校が個人懇談会など、限られた時間で保護者に説明できる事柄も限られている。なおインタビュー結果について、出身国、日本語能力、来日年数ごとに分析を加えたいところであるが、紙幅の関係でそれは別項に譲ることとし、次に、②保護者へのインタビュー結果に移りたいと思う。

（2）保護者へのインタビュー

生徒へのインタビューにおいて、親が進学の情報を理解していないことが進学にも影響を与えていることが理解できたため、保護者にインタビューを試みることとした。調査対象として、当初は中学生の保護者を対象としていたが、進学を間近に控えた状況では、以下に示す質問が合致しないこと、子どもの中等教育への進学から視野に入れたかったことから、小学校の子どもを持つ保護者に調査対象を限定した。インタビュー期間は、2012年11月〜2013年1月までの期間であった。調査対象のうちCさんは国際広場、にこにこ会の両方に子どもを通わせている。

表10-3　インタビュー対象の概略（保護者）

| 仮名 | 保護者の出身地 | 来日時 | 子どもの学年 | 子どもの出生地 |
|---|---|---|---|---|
| Aさん | ブラジル | 2005年 | 4年 | ブラジル |
| Bさん | ブラジル | 1994年 | 5年、6年 | 日本 |
| Cさん | ブラジル | 1993年 | 2年 | 日本 |
| Dさん | スペイン/ペルー | 2010年 | 1年 | 日本 |
| Eさん | スペイン | 2002年、2012年 | 4年 2年 | 日本 ペルー |

注：Eさんは、何度もペルーと日本を往還しており、来日時期が特定できないため、最初に来日した年と、再来日して子どもを日本の学校に登録した年を記した。

インタビューでは、「子どもの進学について不安なことはありますか。それを、現在どうしようとしていますか。」を主な質問とした。その2点について、調査対象が言葉を発した中で、関連した言及や事柄を拾い出す方法を取り、その結果を整理すると、以下の通りとなる。

表10-4 進学をめぐる保護者生徒の見解

（ ）は回答者の仮名イニシャル

| 現在の問題点（不安な点） ➡ | 解決のための手段 |
|---|---|
| 日本の進級制度に不安。高校直前で、学力がないことが分かると行き先がない（D、A） | スペインの高校に進学（D）<br>日本かブラジルの高校に進学（A） |
| 経済的も学力的にも、どちらも心配（C） | ブラジルの高校または、日本のインターナショナルスクールに進学 |
| 日本の高校に進学できるか不安（B） | （本人次第だが）親としては中高一貫校を希望 |
| 進学させたいが、日本語能力が不安（E） | 日本語を使いこなせるように、学習補習教室で勉強をしている。日本で進学を希望 |

将来の進学先や将来のことについて、調査対象は以下のように語った。

Bさん

> 【ケンゴ君は6年生だけど進学どう考えていますか？】
> 高校に進学できるかがとても不安。レベルの高い公立高校は難しい。可能なら○○高校(中高一貫の国際高校)に行って欲しい。
> 【何か理由は、ありますか？】
> 高校の受験がないから楽と思って。高校入試は日本人にも難しいから、外国人にとってはもっと難しい。でも子どもは友だちと一緒に地域の中学校に行きたいって言っています。

Cさん

【これからの将来のことを、どう考えていますか？】
周りのブラジル人に聞いていて高校入試のことだいたい知っているつもりです。足りない日本語があるので(日本の入試は)難しい。高校はブラジルに行きたいんです。お金がかからないから。そのためにポルトガル語を維持するように言っているんです。【中略】高校にスムーズに行かさないと次の道が広がらない。
【高校進学のために、帰ってしまうんですか？】
いざとなれば情報源がたくさんあって。大阪に韓国系のインターナショナルスクールがあるんです。値段は高くなくて教育レベルが高いらしい。もうすでに色々調べています。

　以上、2名のほかにAさんも、Dさんも同じく子どもがまだ低学年であるが日本以外での進学を考えている。二人に共通することは、日本の高校入試の難しさや進学を認識していることである。Dさんは、ペルー・スペインの国際結婚であることから、日本での進学が無理なら、母国に帰ることや、「ペルーよりもスペインの方がレベルが高いので、スペインに行くかもしれない」という意思を持っていた。Aさんは可能なら日本の学校、無理なら母国ブラジルというように、既に気持ちを決めていた。
　保護者へのインタビューで明らかになったことは、保護者のうち4人が、高校入試を乗り越えるよりも、中高一貫校に進む、母国の高校に進む、インターナショナルスクールに進むと別の方法を考えていることである。中には日本の教育制度に違和感を持っていた母のように、「日本は留年制度がないので子どもの勉強レベルが把握できなくて不安になる」(Dさん)、「ブラジルは進級テストがあって、理解していることを確認できる。日本は最後の最後に高校入試があって、そこで通らなければ高校へ行けない。その点

が納得いかない」(Aさん)と述べていた。このような状況に鑑みると、ニューカマーの親が日本の高校への進学を難しく考えていることが共通しており、そのための解決方法として日本の高校を避けようとする傾向がみられる。

一方でEさんのように、何度かペルーと日本を往還して教育を受ける場所を検討した結果、日本に居場所を定め、日本での進学を決めて定住することを決めた保護者もいる。彼女の子どもはペルーの小学校に戻った時期があるので、再び日本語を学びなおす結果になってしまったが、地域のNPOの学習支援教室に通わせ、日本で子どもたちを大学に進学させることを夢見ている。

保護者の思いはそれぞれではあるが、もし入試制度の問題で日本での進学をあきらめてしまうのであれば、行政や学校に解決できる課題が多いだろう。親の経済問題、学力については容易に変えることが難しく、経済問題を克服するには、奨学金制度を利用する、学力を定着させるには、個別のレベルに応じた日本語指導、教科学習など多様な側面からの支援を受けることが必要である。しかし、高校入試を受験前からあきらめてしまうことは、ニューカマーが高校の入り口に立とうとさえしていない状況にあると言わざるを得ない。確かに母国で進学することも人生の選択肢のひとつであるが、日本で学んできたことを生かすためには、子どもや保護者に早い段階から入試情報を提供すること、いくつかの選択肢を持って将来について考えていくことの大切さを伝えていくことが必要となるだろう。このことが、国際共生に繋がっていくと強く考える。

## 3　国際共生を目指すための教育支援

### (1) 高校進学を可能にした学習支援教室の例

次に、第2段階の調査の説明に移りたい。本節では生徒へのイ

ンタビューで表れたキーワードのうち、まだ言及されていなかった「学習支援」について調査した結果を検討材料としていきたいと思う。ニューカマーがそれぞれの問題を乗り越え、進学を果たすには、すなわち日本人と同様に、あるいは近い状況で教育機会を享受できるためには、どのような学習支援が必要となるだろうか。

広崎は、特に学校の進路指導に乗れない生徒たちにとっては、個々のペースに応じたボランティアや教員による支援が、将来展望の実現を促進する要因として機能していると述べている[16]。また宮島・加藤は、ニューカマーへの学習サポートについて、地域の学習教室など学校外の様々な教育エイジェントの力を借りた体制作りの必要性を指摘している[17]。これらのことから、特に教育支援について、地域による支援について注目していきたい。

本節では、事例として本研究の調査を行った国際広場を取りあげる。前述のとおり、にこにこ会は主に小学生を対象としており、国際広場は中学校、高校生にも学習支援を実施している。国際広場を取り上げた理由は、教室で学んだ全ての子どもが高校に進学しているからである。すなわち、国際広場においては、国際共生を目指した活動がなされていると言える。

まず国際広場の概略から説明したい。国際広場は2006年に芦屋の外国人集住地区の小学校の会議室を借りて始まった。主催者は長年外国人教育に関わり、県内の工業高校で30年以上勤めた辻本久夫氏である。辻本氏は元高校教師であるが、定年してからも嘱託教員として県立の工業高校(定時制)に勤務しているほか、県内の私立大学の非常勤講師も務めている。国際広場は、地域の外国人保護者からの要請を受けて設立され、辻本氏が代表、外国人生徒の保護者が副代表を務めている。副代表の主な役割は外国人の保護者の親への連絡の取りまとめや学校との連絡窓口である。学習支援教室は、毎週日曜日の午前10時から開催されており、主に中学校を中心にニューカマーの子どもたちが集まっている。国籍

はペルー、ブラジル、中国など多様で、隣接する団地からのほかに市外から1時間以上かけて電車で通っている生徒もいる。

　時間になると、ボランティアと子どもたちが集まり、代表の指示のもと、与えられた課題をこなしていく。ボランティアの大半は代表が大学の講義「人権と共生」で募集した学生であり、もともと多文化共生に関心が高い学生なので高いモチベーションを持って学習支援に関わっている。また、学生の他に地域の学校の教員や地域の住民などもボランティアとして関わっている[18]。国際広場の特徴は、中心メンバーに地域の中学校教員がいることである。地域のニューカマーの子どもたちを知っている地域の教員が学習支援に関わることで、情報共有が可能となる。また保護者が副代表として活動やイベントに関わり、保護者達との連絡調整係となっており、運営の主体を持つような仕組みを作っている。

　辻本代表は教室に来る全ての子どもたちの学習内容をボランティアに指示し、自らも指導に関わっている。学習に厳しいだけではなく、勉強中の態度も厳しく指導し、学習上の弱点や家庭環境にまで配慮して学習支援を続けている。また、学力レベルを把握するため学校でのテスト結果はすべて回収し、それぞれの弱点克服を心掛けており、特に入試を控えた生徒に対しては、ボランティアと連携して直前対策を怠らず、入試直前まであるいは合格するまで指導を続けている[19]。

> 　高校入試の前は特訓する。できなかったら日曜日の活動後も続けて、集会所を使ってボランティアも呼んで鍛えることにしている。(中略)夜まで勉強することもある。小論文と面接だけが試験の高校を受ける場合でも、何カ月も前から小論文を特訓する。

(辻本氏：2012年12月)

(2) 国際共生を目指すための教育支援モデル

　以上に述べた国際広場のケースから、国際共生のためのモデルを描くことはできないだろうか。そして、他の地域であっても一般化できるケースに近づくことはできないだろうか。

　国際広場の成功の要因は大きく２つに集約できるだろう。第一に、生徒を取り巻く関係者同士が綿密に連携し、ネットワークを形成していることが特徴である。まずこの教室の関係者は、図に示した通り、代表、ボランティア、中学校で、その中心に子どもや保護者がいる。代表と多くのボランティアは教室外（大学）でも顔を合わせるので、コミュニケーションが取れている。前述したように、子どもたちが通う中学校教員との連携も注目すべきことだろう。中学校の教員が学習支援の現場を状況確認したり、代表や副代表がボランティアと情報を共有したりすることで、ニューカマーの子どもが持つ生活上の問題点、学力上の懸念などについて共通の認識が持てる。また新年会、クリスマス会、スピーチコンテストの運営に保護者が関わることで、保護者との連携も可能となる。特に、スピーチコンテストの審査員を地域の学校の校長（３名）、県国際交流協会日本語教育指導員が務めていることから、教育現場や行政との関係も緊密に維持することができている。

　第二に、代表が持つポテンシャルである。代表は高校での教育に長年携わってきたことから県内の進路・進学情報に詳しく、例えば「彼女は夜間の高校が難しいかもしれないから○○高校。彼の場合、学力的に難しいから○○高校、○○高校に受からなかったから、○○高校に挑戦」など、それぞれの特性や学力に応じた進路指導をしている。高校とも常に情報交換をしており、高校では推薦入試制度がある場合、大学に至ってはAO入試の情報も得て、ニューカマー生徒が進学できるような情報に常に敏感になっている。母語検定、日本語検定など資格を持っていると、AO入

試に有利になるため、高校生には、日本語指導、教科指導とともに母語検定も受験させ、将来の進学に備えていることも特徴といえるだろう。また、進学の阻害要因として挙げられた経済的な問題や制度の理解についても長年の経験から認識しており、子どもの家庭背景に見合った奨学金情報を提供したり、入試制度については保護者に説明をしたりするなど、個別のニーズに合った進路指導をしている。

以上、2つの成功要因を図にすると、以下(図10-1)のように表すことができるだろう。

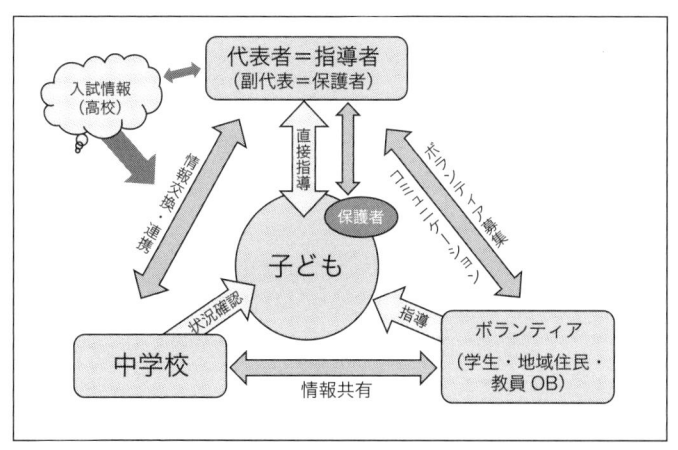

図10-1 子どもを取り囲む支援ネットワーク(芦屋こくさいひろば)

このような教育支援モデルは、キーパーソンの存在が不可欠であるので、どの地域でも可能とは言えないが、キーパーソンをもとに、アクターが連携してネットワークを作るという理論は一般化できるものと考えられる。

## 4 むすび―高校進学のための連携と制度改革

本章では2段階の調査により、ニューカマー生徒や保護者が持つ問題を明らかにし、それらを解決するための教育支援について事例を取り上げて述べてきた。ニューカマー生徒が日本人と同様にあるいは近い形で高校の入り口に立てるようになるためには、今後どのような課題を解決していくべきだろうか。最後に、本節で国際共生を目指すための課題について検討したい。この課題には、「連携による支援」と、「入試制度の変更」がキーワードとして挙げられるだろう。

### (1) 地域との連携の重要性

佐藤は、外国につながる子どもの学習支援は、これまで学校中心に行われてきたが、今後は地域を拠点にした新しい支援のネットワーク構築の可能性を探る必要があると述べている[20]。つまり、学校、NPO、行政、そして保護者などが、外国人生徒を中心に置き、連携して支援することである。本章の学習教室の事例から示したように、特に外国人生徒の進路指導の場合は、教師と学習教室が連携して情報を提供し、足りない部分を補い合うという形の支援が望ましい。昨今、教員の業務の多様化、多忙化により、ひとりひとりのニーズに沿った進路指導は困難と言える。そのため、地域と連携することにより解決することが望まれる。

移民が多く教育支援ネットワークが進んでいるアメリカで調査を行った野津によると、他機関との連携は自然に醸成されたものではなく、分厚い障壁を乗り越える積極的な関係作りプロセスから生み出されてきていると報告されている[21]。組織間(特に学校とNPO)の連携が進んでいない日本社会では、いまだ難しいかもしれないが、確実に多文化化し、外国人児童生徒が抱える問題が多様化している日本では、外へつながる難しさを乗り越え、教員が

積極的に地域とつながって子どもを支援する体制が望ましい。国際広場のように、現役の教員が学校と社会を結ぶキーパーソンとなり、他機関からの情報やネットワークから進路選択の水路づけを行っていることは全国的にもまれなケースなのかもしれない。しかしキーパーソンによる教育支援は着実に外国人生徒に進路選択の選択肢を与え、国際共生のためのストラテジーを築きあげている。

## （2）入学の入口に立つための制度改革（入試制度）

　2012年9月に発表された「高校進学希望者数等調査」によると、進学希望者は98.2％で、前年度の97.9％に続き、過去最高の数字を示している[22]。つまり、中学卒業予定者のほとんどが高校進学を希望しているのである。家庭の経済状況が厳しく、言語・学力の面で不利な状況を抱える外国人生徒が、日本人の生徒と競争をしていくことは至難の業である。

　冒頭で述べたように、兵庫県では外国人生徒が利用できる特別枠がない。もちろん高校入学後のサポートがあってこそ、進学後の道筋がつくられていく。しかし、何よりもまず、外国人生徒たちが、将来の目的を持ったうえで高校の入り口に立つことが必要である。高校は日本では義務教育化しており、受検や就職のために高卒を課している資格や企業が多い。佐久間は、自治体によって異なる外国人生徒への入学特別枠について、一方では特別枠を利用して進学でき、他方では中学編入さえ認められないという対応には差異がありすぎ、外国人生徒に不利な状況を生み出していると述べている[23]。今後は、地域間格差を埋めるような全国的な基準が必要ではないだろうか。

　このことに加えて、現在の全国的な外国人特別枠制度を概観すると、ほとんどが普通高校もしくは定時制高校であり、職業系の学校への進路が限られている。本章のコラムで述べるように、文

化資本が限られたニューカマー生徒の場合、家庭背景や彼自身の特性を考慮に入れた進路指導が必要であるので、選択肢には幅があるべきだろう。ニューカマー生徒が少しでも高校の入口に立ち、卒業し、日本で手に職を得て働くことを考えなければならない。縦の軸に繋がる制度のラインが見えること、そして横の軸(地域のネットワーク)のバランスが取れることが、ニューカマー生徒の進学や卒業後の道を広げるだろう。

　本章の冒頭で述べたように、現在の日本では、バンクスが主張する本来の意味での「国際共生」―子どもたちが教育現場を通して多様性の中で生きて行く力を身につけること―が必要である。そのことに少しでも近づくために、つまり子どもたちが国際共生を目指した力をつけるために、今の日本では、外国人の生徒が安心して自信を持って高校の入口に立つことを目指していく制度から始め、地域の力を借りて教育支援制度を作り上げることが課題となる。

[註と引用参考文献]
1：志水宏吉・清水睦美編著『ニューカマーと日本の学校』明石書店(2001年)、11頁。
2：文部科学省「日本語指導が必要な外国人児童生徒の受け入れ状況等に関する調査」による。<http://www.mext.go.jp/b_menu/houdou/23/08/1309275.htm>
3：各調査を整理した結果については、乾美紀「高校進学と入試」『高校を生きるニューカマー―大阪府立高校に見る教育支援』明石書店(2008年)、を参照。
4：毎日新聞記事『外国人生徒:高校進学78％　日本語能力で格差―「集住」29市町』2012年11月11日(http://mainichi.jp/area/news/20121111ddn003100023000c.html)
5：Banks, J. Race, *Culture and Education-The Selected Works of James A. Banks*, Routledge (2006), p.201.
6：入学枠に外国人生徒のための特別枠を設けて選抜を行う制度をいう。

なお兵庫県では、受験者が所属する中学校からの申請により、試験問題にルビ打ちをする特別措置の制度はある。
7：Sellek, Y. *Migration Labour in Japan*. Palgrave (2001),pp.201-205., 太田晴雄『ニューカマーの子どもと日本の学校』国際書院(2000年)、21-25頁。
8：佐久間孝正『外国人の子どもの不就学』勁草書房(2006年)、203頁。
9：細川卓哉「外国人生徒の高校進学に関する教育課題―特別入学枠に着目して」名古屋大学大学院教育発達科学研究科教育科学専攻『教育論叢』54号(2011年)、6頁。
10：田房由起子「『難民』から『市民』へ」宮島喬編著『外国人市民と政治参加』有信堂高文社(2000)、155、164頁, 乾美紀「ラオス系難民子弟の義務教育後の進路に関する研究―「文化資本」からのアプローチ―」『大阪大学大学院人間科学研究科紀要』33号(2007年)、87-88頁。
11：宮島喬・加藤恵美「ニューカマー外国人の教育機会と高校進学：東海地方A中学校の「外国人指導」の観察に基づいて」『応用社会学研究』47号(2005年)、4頁。
12：箕浦康子編著『フィールドワークの技法と実際―マイクロエスノグラフィー入門―』ミネルヴァ書房(1999年)、58-59頁。
13：Gillborn,D. *Race Ethnicity and Education*, Routledge(1990), pp.105-141.,Ogbu,J.U, "Immigrant and Involuntary Minority in Comparative Perspective". Gibson, M.A.&. eds., *Minority Status and Schooling*, Garland(1991), pp.4-6.,Stanat, P & Christensen, G, eds. *PISA Where Immigrant Students Succeeded A Comparative Review of Performance And Engagement in Pisa (Programme for International Student Assessment (PISA)* (2003) , Organization for Economic.
14：Stanat, P & Christensen(ibid), Dustman,D. & Glitz, A. *Migration and Education: Norface Migration Discussion Paper*, No.2011. (2011), pp.110-121.
15：太田晴雄「日本的モノカルチュラリズムと学習困難」宮島喬・太田晴雄編『外国人の子どもと日本の教育―不就学問題と多文化共生の課題』東京大学出版会(2005年)、66頁, 広崎純子「進路多様校における中国系ニューカマー生徒の進路意識と進路選択―支援活動の取り組みを通じての変容過程」『教育社会学研究』80号(2008年)、228頁。
16：広崎「前掲書」注(13)240頁。
17：宮島・加藤「前掲書」注(11)11頁。
18：この教員は昨年度定年を迎えたが、現在もボランティアとして活動

を継続している。
19：公立高校の入試に合格できなかった場合でも、私立高校などの情報を提供し、その生徒の学力に見合った高校に入学させるようにしている。なお、国際広場では高校を卒業した2名も大学に進学している。
20： 佐藤郡衛「外国につながる子どもの学習支援ネットワークの構築」『シリーズ　多言語・多文化協働実践研究4【佐藤・金班】07年度活動　外国につながる子どもたちをどう支えるか　当事者も参加した拠点・ネットワークの構築―川崎市での実践』東京外国語大学多言語・多文化教育センター(2008年)、67頁。
21：野津隆志『アメリカの教育支援ネットワーク―ベトナム系ニューカマーと学校・NPO・ボランティア』東信堂(2005年)、188頁。
22：高校進学希望者数等調査<http://www.hyogo-c.ed.jp/~board-bo/kisya24/2409/2409282.pdf>
23：佐久間「前掲書」注(8)、149頁。

### 子どもの特性とニーズに合った進路指導の必要性
### ―あるフィリピン生徒のケースから―

　ニューカマーの子どもの進学や社会参加を見据えた支援について、一人のフィリピン人生徒のケースを取り上げながら考えていきたい。

　ライアンは現在中学校3年生。小学校6年生で来日した時は、日本語が分からず、筆者がボランティアをしているNPOで学習支援を受けてきた。高校受験を迎え、希望進路を尋ねたところ、「夜間の定時制高校しか行けないと言われている。」とのこと。試験が小論文と面接しかない高校だ。しかし定時制高校の中退率は高く、卒業しても資格が取れないので、正規就労が難しい。その時、定時制工業高校でオープンスクールが開かれる情報を耳にした。もともと私立の工業高校に関心を持っていたが、学費の高さで敬遠していたライアンは公立の存在を知り、興味を持った。5教科の試験は負担に思えたが、フィリピン人の生徒は英語で点数を取れる可能性が大きい。

　筆者は中学校の進路指導教員に事情を説明し、NPOのボランティアとしてオープンスクールに同行した。ライアンは手先が器用で細かい作業が好きなこと、就職に有利な資格が取得できることなどから、工業高校への進路変更を志願して担任に伝えた。日頃、NPOと中学校は連携が取れていたため、話は円滑に進んだ。その後、ライアンは無事に合格した。生徒が地域のNPOで支援を受けている場合、NPOは子どもの家庭背景や学力について時には学校以上の情報を持ち得ている。以上のように、学校と地域が積極的に連携して、進路支援を行うことは十分に可能ではないだろうか。

[執筆者紹介（執筆順、編著者は奥付参照）]

佐々木　寛（ささき　ひろし）　中央大学大学院法学研究科博士後期課程単位取得退学、法学修士、専門領域：国際政治学・平和研究、現在新潟国際情報大学国際学部教授、主要著作：『東アジア安全保障の新展開』（共編著）（明石書店、2010年）、『地方自治体の安全保障』（共編著）（明石書店、2005年）、P.ハースト『戦争と権力』（訳書）（岩波書店、2009年）

千葉　眞（ちば　しん）　プリンストン神学大学、Ph.D.（政治倫理学）、専門領域：政治理論、平和研究、現在国際基督教大学教養学部教授、主要著作：『ラディカル・デモクラシーの地平』（新評論、1995年、オンデマンド版2008年）、『アーレントと現代』（岩波書店、1996年）、『「未完の革命」としての平和憲法』（岩波書店、2009年）

土佐　弘之（とさ　ひろゆき）　東京大学大学院総合文化研究科修士課程修了、学術修士、専門領域：政治学、現在神戸大学大学院国際協力研究科教授、主要著作：『野生のデモクラシー』（青土社、2012年）、『安全保障という逆説』（青土社、2003年）、『アナーキカル・ガヴァナンス』（御茶の水書房、2007年）

川村　暁雄（かわむら　あきお）、神戸大学大学院国際協力研究科博士後期課程単位取得退学、学術博士、専門領域：社会開発論・国際政治理論、現在関西学院大学人間福祉学部教授、主要著作：『グローバル民主主義の地平―アイデンティティと公共圏のポリティクス』（法律文化社、2005年）、『国際協力のレッスン―地球市民の国際協力入門』（共著）（学陽書房、2013年）

井上　真（いのうえ　まこと）　東京大学農学部卒、農学博士、専門領域：森林社会学・ガバナンス論、現在東京大学大学院農学生命科学研究科教授、主要著作：『熱帯雨林の生活』（築地書館、1991年）、『焼畑と熱帯林』（弘文堂、1995年）、『コモンズの思想を求めて』（岩波書店、2004年）、『躍動するフィールドワーク』（編著）（世界思想社、2006年）

高村　ゆかり（たかむら　ゆかり）　一橋大学大学院法学研究科博士課程単位取得退学、法学修士、専門領域：国際法学、現在名古屋大学大学院環境学研究科教授、主要著作：『京都議定書の国際制度』（共編著）（信

山社、2002年)、『地球温暖化交渉の行方』(共編著)(大学図書、2005年)、『気候変動と国際協調』(共編著)(慈学社、2011年)

勝間　靖(かつま やすし)ウィスコンシン大学マディソン校開発プログラム博士課程修了、Ph.D.，専門領域：国際開発と人権、現在早稲田大学大学院アジア太平洋研究科国際関係学専攻教授、主要著作：『テキスト国際開発論－貧困をなくすミレニアム開発目標へのアプローチ』(編著)(ミネルヴァ書房、2012年)、『アジアの人権ガバナンス』(編著)(勁草書房、2011年)

高柳彰夫(たかやなぎ あきお)　一橋大学大学院法学研究科博士後期課程単位取得、法学修士、専門領域：国際関係論、国際開発研究、現在フェリス女学院大学国際交流学部教授、主要著作：『カナダのNGO－政府との「創造的緊張」をめざして』(明石書店、2001年)、『めざすは貧困なき世界－政府と市民の国際開発協力』(フェリスブックス、2011年)

高橋　朋子(たかはし ともこ)　大阪大学大学院言語文化研究科博士後期課程修了、博士(言語文化学)、専門領域：社会言語学、現在近畿大学講師、主要著作：『中国帰国者三世四世の学校エスノグラフィー　母語教育から継承語教育へ』(生活書院、2009年)

乾　美紀(いぬい みき)　神戸大学大学院国際協力研究科博士課程修了、博士(学術)、専門領域：比較教育学・多文化共生教育、現在兵庫県立大学環境人間学部准教授、主要著作：*Minority Education and Development in Contemporary Laos* (Union Press, 2009)、『子どもにやさしい学校－インクルーシブ教育をめざして』(共編著)(ミネルヴァ書房、2009年)


[各部監修]

第1部　奥本京子(おくもと きょうこ)　　大阪女学院大学大学院教授
第2部　香川孝三(かがわ こうぞう)　　　大阪女学院大学大学院教授
第3部　西井正弘(にしい まさひろ)　　　大阪女学院大学大学院教授
第4部　前田美子(まえだ みつこ)　　　　大阪女学院大学大学院教授
第5部　馬渕　仁(まぶち ひとし)　　　　大阪女学院大学大学院教授

# 索引

## 【ア行】

| | |
|---|---|
| アイデンティティ | 56–59 |
| アイデンティティ・クライシス | 173 |
| アジア的価値論 | 76 |
| アルマアタ宣言 | 133 |
| 安全保障 | 6 |
| イスタンブール原則 | 160–162, 166 |
| 援助効果に関するパリ宣言 | 152 |
| 応関原則 | 99 |

## 【カ行】

| | |
|---|---|
| カーボン・リーケージ | 118 |
| 開発効果 | 155, 160, 161 |
| 会話モデル | 31, 32, 36 |
| かかわり主義 | 98, 99 |
| 学習支援 | 206 |
| カラー・ライン | 50, 51, 52, 57, 60 |
| カンクン合意 | 113 |
| 寛容モデル | 30, 31, 36 |
| 危機 | 4 |
| 企業の社会的責任 | 143 |
| 気候変動 | 106 |
| 気候変動枠組条約 | 108 |
| 教育支援モデル | 208 |
| 共生 | 12, 28–35 |
| 協治 | 96–98, 100 |
| 共通性 | 11 |
| 共通に有しているが差異のある責任 | 109 |
| 共通の安全保障 | 9 |
| 協働モデル | 33, 34, 36 |
| 京都議定書 | 111, 109, 116 |
| 京都メカニズム | 111 |
| グローバル・アパルトヘイト | 47, 49, 50, 60 |
| 経済のグローバル化 | 118 |
| 効果的な開発協力に関するグローバル・パートナーシップ | 165 |
| 公共性 | 100 |
| 公正 | 34, 35, 36 |
| 国際共生 | 7, 9–12, 16, 18, 46, 47, 61, 66, 85, 90, 101, 106, 107, 120, 121, 131, 135–137, 144, 150–152, 164, 165, 175, 177, 184, 189–191, 195, 206, 210– 212 |
| 国際共存 | 7, 13 |
| 国際協同 | 8 |
| 国際協力 | 8 |
| 国際人権法 | 49 |
| 国際理解教育 | 175 |
| 国連開発グループ | 140 |
| 国連グローバル・コンパクト | 143 |
| 国連ミレニアム宣言 | 134, 138 |
| 子どもの権利条約 | 134 |
| 子どものための世界サミット | 134 |
| コペンハーゲン合意 | 116 |
| コンヴィヴィアリティ | 29, 46, 47, 53, 59–61 |

## 【サ行】

| | |
|---|---|
| シェムリアップ・コンセンサス | 160, 161, 163, 166 |
| ジェンダー | 56 |
| 持続可能な開発目標 | 137 |
| 持続可能な発展 | 106 |
| 持続的利用の三類型 | 92 |
| 市民社会組織 | 150 |
| 市民社会の開発効果と政策・制度環境 | 163 |
| 社会開発のための世界サミット | 132 |
| ジョムティエン宣言 | 134 |

| | | | |
|---|---|---|---|
| 人権アプローチ | 155, 158, 165, 166 | 開かれた地元主義 | 98 |
| 人権概念 | 68 | 貧困削減文書 | 132 |
| 人権確立の要求 | 72, 74 | 貧困をなくす開発 | 132, 133, 136, 144, 146 |
| 人権基準の受入 | 74 | フィリピン | 79–81 |
| 人権基準の受容 | 78 | 文化的レイシズム | 48 |
| 人権に関するASEAN政府間委員会 | 84 | 平和 | 25 |
| 人権に基づく最低限の正義 | 145 | 平和構築 | 25–27, 37–39 |
| 人権の受容 | 70 | ベルリン・マンデート | 110 |
| 新興国の台頭 | 114, 115 | 母語教育 | 178–180, 189–191 |
| 森林開発 | 94 | 母語教室 | 181, 182 |
| 政府開発援助 | 131 | 母語母文化教育 | 174, 184 |
| セクシズム | 53, 54 | | |
| 戦略的普遍主義 | 59, 60 | | |
| 戦略的本質主義 | 58, 60 | | |

【タ行】

【マ行】

| | |
|---|---|
| ミレニアム開発目標 | 132 |
| 民主化運動 | 78 |
| 民主的オーナーシップ | 159 |
| 民族な多様性 | 195 |
| モンテレー合意 | 138 |

| | |
|---|---|
| ダーバン・プラットフォーム決定 | 112, 117 |
| タイ | 81–83 |
| ダカール行動枠組み | 134 |
| ダブルリミテッド | 173 |
| 多文化共生 | 176 |
| 段階的なメンバーシップ | 98 |
| 地域との連携 | 210 |
| 地球規模課題 | 130, 131, 146 |
| 地球規模のリスク社会 | 5, 17 |
| 地球的問題群 | 11 |
| 中国語教室 | 185, 188 |

【ラ行】

| | |
|---|---|
| レイシズム | 48, 49, 51–53, 57 |

【数字・欧文】

| | |
|---|---|
| 3・11 | 4, 6, 16 |
| 20/20イニシアティブ | 137 |
| CBDR | 109, 117, 121 |
| conviviality | 13, 15, 16, 28 |
| REDD-plusメカニズム | 95 |
| REDDパラドックス | 96 |
| symbiosis | 12, 13, 16 |

【ナ行】

| | |
|---|---|
| 内包炭素 | 119, 120 |
| 日本語至上主義 | 174 |
| ニューカマー | 172, 174, 178, 194–197, 210 |
| 入試制度改革 | 211 |
| 人間の安全保障 | 130, 131, 135, 136, 146 |

【ハ行】

| | |
|---|---|
| 東アジア | 15, 16, 36, 37 |

［編著者紹介］

黒澤　満（くろさわ　みつる）　大阪大学大学院法学研究科博士課程単位取得退学、博士（法学）、専門領域：国際平和・軍縮、現在大阪女学院大学大学院教授、主要著作：『軍縮問題入門（第4版）』（編著）（東信堂、2012年）、『核軍縮入門』（信山社、2011年）、『国際関係入門』（編著）（東信堂、2011年）、『核軍縮と世界平和』（信山社、2011年）

国際共生研究所叢書3
**国際共生とは何か──平和で公正な世界へ**　〔検印省略〕
2014年 2月 28日　初 版　第 1 刷発行　※定価はカバーに表示してあります。

編著者Ⓒ黒澤満　　発行者　下田勝司　　　　　　　　　印刷・製本／中央精版印刷

東京都文京区向丘1-20-6　　郵便振替00110-6-37828
〒113-0023　TEL（03）3818-5521　FAX（03）3818-5514　　発行所 株式会社 東信堂

Published by TOSHINDO PUBLISHING CO., LTD
1-20-6, Mukougaoka, Bunkyo-ku, Tokyo, 113-0023, Japan
E-mail：tk203444@fsinet.or.jp

ISBN978-4-7989-1211-0　C1031　　ⒸKUROSAWA, Mitsuru

## 東信堂

|  |  |  |
|---|---|---|
| 国際法新講〔上〕〔下〕 | 編集代表 田畑茂二郎 | 下 二九〇〇円 / 上 二七〇〇円 |
| ベーシック条約集〔二〇一四年版〕 | 編集代表 薬師寺・坂元 | 三八〇〇円 |
| ハンディ条約集 | 編集代表 薬師寺・坂元 | 一六〇〇円 |
| 国際人権条約・宣言集〔第3版〕 | 編集代表 松井芳郎 | 三八〇〇円 |
| 国際機構条約・資料集〔第2版〕 | 編集 香西・安藤・小畑・徳川 | 三八〇〇円 |
| 判例国際法〔第2版〕 | 編集代表 松井芳郎 | 三八〇〇円 |
| 国際環境法の基本原則 | 松井芳郎 | 三八〇〇円 |
| 国際民事訴訟法・国際私法論集 | 高桑昭 | 六五〇〇円 |
| 国際機構法の研究 | 中村道 | 八六〇〇円 |
| 条約法の理論と実際 | 坂元茂樹 | 四二〇〇円 |
| 21世紀の国際法秩序——ポスト・ウェストファリアの展望 | 村瀬信也 | 六八〇〇円 |
| 国際立法——国際法の法源論 | R・フォーク／川崎孝子訳 | 三八〇〇円 |
| 軍縮問題入門〔第4版〕 | N・レルナー／元百合子訳 | 三五〇〇円 |
| 宗教と人権——国際法の視点から | 黒澤満編著 | 二八〇〇円 |
| ワークアウト国際人権法——人権を理解するために | 中W.ベルチェック編 坂・徳川編訳 | 三八〇〇円 |
| 難民問題と『連帯』——EUのダブリン・システムと地域保護プログラム | 中坂恵美子 | 二八〇〇円 |
| 国際法から世界を見る——市民のための国際法入門〔第3版〕 | 松井芳郎 | 二八〇〇円 |
| 国際法〔第2版〕 | 浅田正彦著 | 二九〇〇円 |
| 国際法／はじめて学ぶ人のための〔新訂版〕 | 大沼保昭著 | 三六〇〇円 |
| 国際法と共に歩んだ六〇年——学者として裁判官として | 小田滋 | 三六〇〇円 |
| 国際法学の地平——歴史、理論、実証 | 中川淳司・寺谷広司編著 | 一二〇〇〇円 |
| 小田滋・回想の海洋法 | 小田滋 | 六八〇〇円 |
| グローバル化する世界と法の課題 | 位田・安藤・中村・小寺・山田・徳川編 | 七六〇〇円 |
| 〔国際共生研究所叢書〕 | | |
| 国際社会への日本教育の新次元 | 関根秀和編 | 八二〇〇円 |
| 国際関係入門——共生の観点から | 黒澤満編 | 二〇〇〇円 |
| 国際共生とは何か——平和で公正な社会へ | 黒澤満編 | 一八〇〇円 |

〒113-0023　東京都文京区向丘1-20-6
TEL 03-3818-5521　FAX 03-3818-5514　振替 00110-6-37828
Email tk203444@fsinet.or.jp　URL:http://www.toshindo-pub.com/

※定価：表示価格（本体）＋税

# 東信堂

|  |  |  |
|---|---|---|
| 宰相の羅針盤――総理がなすべき政策〈改訂版〉日本よ、浮上せよ！ | 村上誠一郎+21世紀戦略研究室 | 一六〇〇円 |
| 福島原発の真実――このままでは永遠に収束しないまだ遅くない――原子炉を"冷温密封"する！ | 村上誠一郎+原発対策国民会議 | 二〇〇〇円 |
| 3・11本当は何が起こったか：巨大津波と福島原発――科学の最前線を教材にした暁星国際学園ヨハネ研究の森コースの教育実践 | 丸山茂徳監修 | 一七一四円 |
| 2008年アメリカ大統領選挙――オバマ政権はアメリカをどのように変えたのか支持連合・政策成果・中間選挙 | 吉野孝・前嶋和弘編著 | 二六〇〇円 |
| オバマ政権と過渡期のアメリカ社会――選挙、政党、制度変化、メディア、対外援助 | 吉野孝・前嶋和弘編著 | 二四〇〇円 |
| 政治学入門――日本政治の新しい夜明けはいつ来るか | 内田満 | 一八〇〇円 |
| 政治の品位 | 内田満 | 二〇〇〇円 |
| 「帝国」の国際政治学――冷戦後の国際システムとアメリカ | 山本吉宣 | 四七〇〇円 |
| 国際開発協力の政治過程――国際規範の制度化とアメリカ対外援助政策の変容 | 小川裕子 | 四〇〇〇円 |
| アメリカ介入政策と米州秩序――複雑システムとしての国際政治 | 草野大希 | 五四〇〇円 |
| ドラッカーの警鐘を超えてグローバル・ニッチトップ企業の経営戦略 | 坂本和一 | 二五〇〇円 |
| 最高責任論――最高責任者の仕事の仕方 | 難波正憲・福谷正信・鈴木勘一郎編著 | 二四〇〇円 |
| 現代に甦る大杉榮――自由の覚醒から生の拡充へ | 樋口起一年 | 一八〇〇円 |
| 大杉榮の思想形成と「個人主義」 | 飛矢崎雅也 | 二八〇〇円 |
| 〈現代臨床政治学シリーズ〉リーダーシップの政治学 | 飛矢崎雅也 | 二九〇〇円 |
| アジアと日本の未来秩序 | 石井貫太郎 | 一六〇〇円 |
| 象徴君主制憲法の20世紀的展開 | 伊藤重行 | 一八〇〇円 |
| ネブラスカ州における一院制議会 | 下條芳明 | 二〇〇〇円 |
| ルソーの政治思想 | 藤本一美 | 一六〇〇円 |
| 海外直接投資の誘致政策――インディアナ州の地域経済開発 | 根本俊雄 | 一八〇〇円 |
| ティーパーティー運動――現代米国政治分析 | 邊牟木廣海 | 二〇〇〇円 |
| | 藤本一美・末次俊之 | 二〇〇〇円 |

〒113-0023　東京都文京区向丘1-20-6
TEL 03-3818-5521　FAX03-3818-5514　振替 00110-6-37828
Email tk203444@fsinet.or.jp　URL:http://www.toshindo-pub.com/

※定価：表示価格（本体）＋税

## 東信堂

|  |  |  |
|---|---|---|
| グローバル化と知的様式——社会科学方法論についての七つのエッセー | J・ガルトゥング 大矢/澤/重光 修太次郎 訳 | 二八〇〇円 |
| 社会的自我論の現代的展開 | 船津 衛 | 二四〇〇円 |
| 社会学の射程——ポストコロニアルな地球市民の社会学へ | 庄司 興吉 | 三二〇〇円 |
| 地球市民学を創る——変革のなかで地球社会の危機と | 庄司興吉編著 | 三二〇〇円 |
| 市民力による知の創造と発展——身近な環境に関する市民研究の持続的展開 | 萩原なつ子 | 二二〇〇円 |
| 社会階層と集団形成の変容——集合行為と「物象化」のメカニズム | 丹辺宣彦 | 六五〇〇円 |
| 階級・ジェンダー・再生産——現代資本主義社会の存続メカニズム | 橋本健二 | 三二〇〇円 |
| 現代日本の階級構造——計量・方法・分析 | 橋本健二 | 四五〇〇円 |
| 人間諸科学の形成と制度化——社会諸科学との比較研究 | 長谷川幸一 | 三八〇〇円 |
| 現代社会と権威主義——フランクフルト学派権威論の再構成 | 保坂 稔 | 三六〇〇円 |
| 観察の政治思想——アーレントと判断力 | 小山花子 | 三六〇〇円 |
| インターネットの銀河系——ネット時代のビジネスと社会 | M・カステル 矢澤・小山訳 | 三六〇〇円 |
| 園田保健社会学の形成と展開 | 山手茂男編著 | 三六〇〇円 |
| 社会的健康論 | 須田木綿子 | 二五〇〇円 |
| 保健・医療・福祉の研究・教育・実践 | 園田恭一 編 | 三四〇〇円 |
| 研究道 学的探求の道案内 | 山根林恭吉男茂 編 | 二八〇〇円 |
| 福祉政策の理論と実際（改訂版） | 平岡公一・武川正吾・ 山田昌弘・黒田浩一郎 監修 | 二八〇〇円 |
| 福祉社会学 研究入門 | 三重野公卓一編 | 二五〇〇円 |
| 認知症家族介護を生きる——新しい認知症ケア時代の臨床社会学 | 井口高志 | 四二〇〇円 |
| 社会福祉における介護時間の研究——タイムスタディ調査の応用 | 渡邊裕子 | 五四〇〇円 |
| 介護予防支援と福祉コミュニティ——行政・営利・非営利の境界線 | 松村直道 | 二五〇〇円 |
| 対人サービスの民営化 | 須田木綿子 | 二二〇〇円 |

〒113-0023　東京都文京区向丘1-20-6　TEL 03-3818-5521　FAX03-3818-5514　振替 00110-6-37828
Email tk203444@fsinet.or.jp　URL:http://www.toshindo-pub.com/

※定価：表示価格（本体）＋税